AF324502

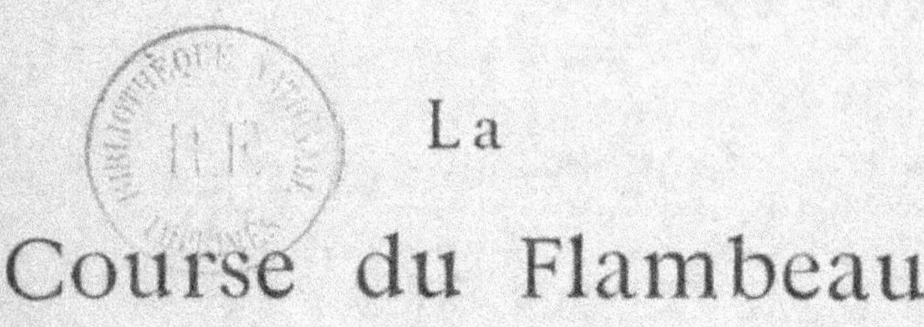

La
Course du Flambeau

OEUVRES

DE

Paul Hervieu

Édition elzévirienne

Édition in-18 jésus

NOUVELLES ET CONTES

ROMANS

THÉATRE

PAUL HERVIEU

La Course du Flambeau

PIÈCE EN QUATRE ACTES

*Représentée pour la première fois sur le théâtre du Vaudeville,
le 17 avril 1901*

PARIS

ALPHONSE LEMERRE, ÉDITEUR

23-31, PASSAGE CHOISEUL, 23-31

M DCCCCI

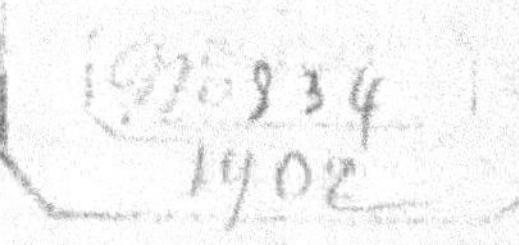

A

MADAME RÉJANE

Hommage

de ma reconnaissante admiration.

P. H.

PERSONNAGES

MARAVON	MM.	LÉRAND.
STANGY		GASTON DUBOSC.
LE DOCTEUR		NERTANN.
DIDIER MARAVON		PAUL NUMA.
GRIBERT		LEUBAS.
JIRBIN		MAULOY.
CONSTANT		PRIKA.
SABINE REVEL	Mmes	RÉJANE.
MADAME FONTENAIS		DAYNES-GRASSOT.
MADAME PONTHIONNE		JULIETTE DARCOURT.
MARIE-JEANNE		BERNOU.
LÉONIE		DORVILLE.
MADAME GRIBERT		MORLET.
JENNY		VIARNY.
BÉATRICE		LUCIENNE.

Le premier et le troisième acte se passent chez Madame Fontenais, à Paris.
Le deuxième chez les Didier Maravon, à Boulogne-sur-Seine.
Le quatrième se passe à la Maloja, en Engadine.

La Course du Flambeau

ACTE PREMIER

UN SALON

Quelques bouquets donnent un air de fête intime. A droite, porte sur une galerie. A gauche, porte donnant sur une pièce servant de fumoir. Dans le fond, on aperçoit du monde autour d'une table de rafraichissements.

SCÈNE PREMIÈRE

MADAME FONTENAIS, DIDIER. *Au lever du rideau, madame Fontenais, assise dans un fauteuil, lit le Temps, avec une face à main. Didier entre par la porte de gauche.*

MADAME FONTENAIS.

Ah! c'est vous, mon petit Didier... Vous avez laissé ces messieurs au fumoir?

DIDIER.

Et vous, madame Fontenais, vous étudiez le cours de
la Bourse?

MADAME FONTENAIS.

Nullement! Je n'y veux entendre goutte. Mes valeurs
resteront toujours telles que mon pauvre et cher mari me
les a laissées. Voyez-vous, je ne saurais toucher à rien de
ce qu'il a fait. Si vous me trouvez en compagnie de son
journal... *(Montrant la bande déchirée)* Tenez, cela n'a pas
cessé d'être le sien; je fais toujours renouveler l'abonne-
ment à son nom... Oui, si j'ai gardé la manie, chaque
soir, de déplier cette feuille, c'est qu'il m'en faisait la
lecture à pareille heure, quand nous étions deux. Et maintenant, je m'isole dans le silence pour retrouver le son de
sa voix, avec mes yeux *(Repliant le journal)*... Mais parlons
de vous, mon enfant... Comment se fait-il qu'après vos
brillantes études, avec vos beaux diplômes, vous n'ayez
pas préféré à toute chose une carrière assurée dans l'ad-
ministration? L'exemple paternel était pourtant là. Aujour-
d'hui, cet excellent Maravon jouit d'une honnête retraite,
plein de vigueur encore et de santé, après ses trente ans
d'activité dans l'instruction publique. Il vit désormais in-
dépendant, parmi ses livres et ses amis, regardant l'uni-
vers d'un œil philosophique. Une destinée de ce genre
ne vous a donc pas semblé enviable?

DIDIER.

Mon père a fait son effort, madame. A moi d'accomplir
le mien. Lui, fils de paysan, par son énergie, par la qua-

lité de son cerveau, s'est élevé jusqu'à un bon rang de
bourgeoisie. Je sens continuer en moi la poussée de ma
race, partie du ras de la terre, il y a une génération.
Quelque chose fait qu'à mon tour je veux atteindre au
delà, grimper plus haut.

MADAME FONTENAIS.

Plus haut que la bonne bourgeoisie?... Eh là! vous
destinez-vous à devenir noble?

DIDIER.

Ma foi!... en quelque sorte... Je veux devenir riche...
très riche. Être millionnaire, n'est-ce pas, en effet, dans
les mœurs actuelles, être baron ou comte, si l'on veut?

MADAME FONTENAIS.

Et vous pensez avoir en mains les chances d'une grande
fortune?

DIDIER.

Je tiens un brevet de premier ordre. Mon père m'a remis tout ce que nous possédions en commun par l'héritage de ma mère. Ce modeste apport a servi de base à
un excellent acte de société pour mon usine, qui va
s'ouvrir.

MADAME FONTENAIS.

Et si vous ne réussissiez pas?

DIDIER.

Ne pas réussir?... Mais les études préparatoires sont

indiscutables. Dépenses, recettes, futurs bénéfices, tout
a été évalué, tout est prévu. Les chiffres sont les chiffres.
J'ai derrière moi des banquiers qui voient large, qui
m'ont dit : « Marchez! » Le jour où la commandite aurait
besoin d'être doublée, — par exemple, en vue d'agrandis-
sements, — je n'aurais qu'un signe à faire pour obtenir
de nouveaux fonds. C'est sous-entendu, c'est convenu à
demi-mot... Et puis, j'ai par-dessus tout la conviction que
le succès appartient à ceux qui savent le mériter par le
travail, l'aptitude, la probité... Vous souriez?...

MADAME FONTENAIS.

Sympathiquement. Je prends plaisir à votre ardeur de
jeunesse, à votre foi flambante. Je vous souris comme à
un joli feu clair dans la pièce, quand, soi, l'on vient du
froid. Et il y a longtemps que j'ai l'hiver dans l'âme!...
Vous étiez encore petit quand mes malheurs ont commencé, par la ruine de mon gendre. Vous devez cependant vous rappeler que ma fille fit sa rentrée dans cette
demeure en vêtements de veuve, épuisée par les larmes,
ayant une orpheline toute pâle sur les bras!

DIDIER.

Croyez que je n'oublie, Madame, aucun des deuils,
aucune des pertes morales et matérielles qui vous ont
jadis frappée dans les vôtres. Et pourtant, lorsque je considère votre maison telle qu'elle est aujourd'hui, j'y suis
impressionné comme par un lieu béni : La grand'mère
que vous êtes, madame Revel, votre fille, et votre petite-
fille, mademoiselle Marie-Jeanne, toutes les trois vivant

dans une tendre harmonie, vous me semblez réaliser ensemble un symbole de famille et d'excellente humanité, vous me représentez un admirable triptyque des trois âges.

MADAME FONTENAIS.

Certes, je serais ingrate si je ne remerciais le ciel pour ce qu'il m'accorda les moyens de faire à ces deux bonnes enfants, que j'ai près de moi, une existence confortable.

DIDIER.

Permettez-moi de dire qu'en outre vous possédez personnellement l'art de vous faire vénérer et chérir par tous ceux qui vous approchent.

MADAME FONTENAIS.

Flatteur!

DIDIER.

Quand j'entends Marie-Jeanne *(Se reprenant)...* mademoiselle Marie-Jeanne... s'exprimer sur vous, c'est délicieux!

SCÈNE II

Les Mêmes, MARIE-JEANNE, *venant du fond avec une tasse dans chaque main.*

MARIE-JEANNE.

Du thé? grand'mère, ou du chocolat?

MADAME FONTENAIS, *se levant.*

Je vais par là, mignonne!... Sers Didier... Je vous laisse libres de parler... de moi. *(Madame Fontenais sort par le fond.)*

SCÈNE III

MARIE-JEANNE, DIDIER.

MARIE-JEANNE.

Quelle tasse désirez-vous?

DIDIER, *en prenant une.*

Voilà qui m'est égal!

MARIE-JEANNE.

Grand'mère a eu l'air de se moquer de nous. Est-ce que vous lui auriez donné l'éveil?

DIDIER.

Non. Je me suis contenu vis-à-vis d'elle, comme sur votre ordre, je n'ai cessé de me contenir aussi vis-à-vis de mon père. Mais je suis en ébullition!... Depuis que vous m'avez laissé vous confier mon projet de vous demander en mariage, vous-même avez fixé la date à laquelle vous consulteriez votre mère. Cette date était celle où vous entreriez dans votre dix-huitième année. Marie-Jeanne, nous y sommes aujourd'hui! Pour me comprimer je n'ai

plus le sentiment de l'échéance à venir. Je ne vois plus
cette borne que vous aviez dressée contre mon impatience, ainsi qu'une sorte de fétiche !

MARIE-JEANNE.

Mon cher Didier, si, après notre conversation, j'en ai
quelque temps gardé entre nous le secret, c'est que je
n'ai pas voulu émouvoir mère, à mon sujet, avec une
promptitude qu'elle aurait pu déclarer irréfléchie. Je
serai désormais en droit de lui répondre, sincèrement,
que j'ai consulté tout ce que j'ai de raison, et tout mon
cœur.

DIDIER.

Oh ! vous ne m'aviez encore permis qu'un peu d'espoir ! Avez-vous bien pesé le sens définitif, l'engagement
formel qu'il y a dans les paroles que vous venez de prononcer ?

MARIE-JEANNE.

J'obéis, en effet, à un peu de superstition, en me pro-
nonçant plus tôt que je ne devrais, et en voulant faire
commencer notre union dès maintenant, pour ainsi dire...
Oui, cet anniversaire de ma naissance que d'aussi loin
qu'il m'en souvienne, l'on me fête avec des cadeaux, des
fleurs, dans un cercle d'amitiés, oui, ce jour, je me suis
accoutumée à le regarder venir, chaque année, comme
mon jour favorable. Voilà pourquoi je l'avais choisi entre
tous pour m'y faire accorder à vous, et c'est aussi pourquoi je n'y ai pas résisté à l'élan de me promettre.

DIDIER.

Vous me rendez fou de joie ! Je voudrais tomber à genoux, crier mon bonheur !

MARIE-JEANNE.

Chut !... Ce soir, dès que nos invités seront partis, je parlerai à mère de façon à la convaincre.

DIDIER.

Moi, je pars tout de suite.

MARIE-JEANNE.

Qui vous presse ?

DIDIER.

Ah ! je ne saurais plus, à cette heure, faire la conversation de personne. J'aurais plutôt envie de bousculer l'importun qui peut survenir... Je vous emporte en moi. Je serai plus avec vous, mieux avec vous, tout seul, dehors, à marcher au hasard, dans l'ivresse de l'espérance... et des appréhensions !

MARIE-JEANNE.

Ne craignez rien. Mère vous aime bien. Et moi, je vous aime.

DIDIER.

Marie-Jeanne, jurez-moi qu'avant deux mois nous serons mariés ?

MARIE-JEANNE.

Oui !... oui !

DIDIER.

A bientôt !

MARIE-JEANNE.

A demain ! *(Didier lui baise la main et sort par la droite.)*

SCÈNE IV

MARIE-JEANNE, LÉONIE, *entrant par le fond. Cette dernière est en corsage montant et en jupe demi-courte.*

LÉONIE.

Je te cherchais pour causer un peu avec toi, avant de m'en aller.

MARIE-JEANNE.

Comment ? Léonie, tu t'en irais déjà ?

LÉONIE.

Tu sais combien maman est toujours pressée d'arriver au bal ! Si ce n'était que moi, je n'aurais guère le goût du monde... dans des toilettes comme celle-ci !... C'est pourtant à force de danser des cotillons que me voici en passe de me marier peut-être. Mais quelle humiliation qu'il me faille expliquer à chaque valseur que j'aurai bientôt dix-neuf ans ! *(Indiquant son corsage fermé.)* Ça ne se voit pas !

1.

MARIE-JEANNE.

Tu devrais déclarer que puisqu'il en est ainsi, tu préfères rester chez toi.

LÉONIE.

Papa m'en empêche. Il défend à maman de sortir, le soir, sans moi !

SCÈNE V

MARIE-JEANNE, LÉONIE, MADAME PONTHIONNE *en toilette plus jeune que son âge*, JIRBIN.

MARIE-JEANNE. *D'un signe discret à Léonie, elle désigne les deux personnages qui entrent par le fond.*

Monsieur Jirbin n'a donc pas encore fait demander ta main à Madame Ponthionne ?

LÉONIE.

Il n'ose pas, crois-tu ! Maman le paralyse ! *(Marie-Jeanne et Léonie continuent de s'entretenir tout bas.)*

MADAME PONTHIONNE, *en haute coquetterie à Jirbin.*

Il y a dans vos allures à mon égard quelque chose de mystérieux, une timidité, qui me charment. Les femmes subissent un entraînement vers ceux par qui elles se sentent respectées... excessivement. Vous, il me semble que

vous soyez toujours sur le point de me déclarer... je ne
sais quoi... et qu'une délicatesse vous retienne. Je ne
vous demande pas votre pensée ! Je serais peut-être forcée
de me fâcher si je la connaissais.

JIRBIN.

Oh ! madame ! je ne pense qu'à vous inspirer la plus
grande confiance en moi... Mais si attentif que je sois à
me faire convier dans les maisons où je devine que vous
accompagnerez votre fille, mes entretiens avec vous sont
chaque fois bien courts à mon gré...

MADAME PONTHIONNE.

Imaginez-vous une possibilité de nous voir autrement?

JIRBIN.

Autorisez que je fréquente souvent votre maison.
Agréez-moi comme ami d'abord...

MADAME PONTHIONNE.

Et ensuite?

JIRBIN.

Ensuite... Un jour... si vous daigniez y consentir...
vous me recevriez comme futur gendre.

MADAME PONTHIONNE, *dépitée.*

Plaît-il ? Vous ?... Ma fille ?... Excusez-moi, je n'ai pas
encore été habituée à voir cela venir. Je ne sais que vous
dire... Je ne... je...

SCÈNE VI

LES MÊMES, BÉATRICE, *entrant par le fond, en grande toilette de jeune fille comblée.*

MARIE-JEANNE.

Toi aussi, Béatrice, tu vas au même bal que Léonie?

BÉATRICE.

Je vais à deux bals. Et j'en ai trois demain.

SCÈNE VII

LES MÊMES, MADAME GRIBERT, *entrant par le fond et mise avec une extrême simplicité.*

MADAME GRIBERT.

Ma petite Marie-Jeanne, veux-tu bien dire qu'on prépare le manteau de Béatrice pour qu'elle ne se refroidisse pas dans l'antichambre.

MARIE-JEANNE.

J'y vais, Madame...

MADAME PONTHIONNE, *à Marie-Jeanne.*

Pendant que madame Gribert vous envoie, occupez-vous aussi de nos manteaux.

MARIE-JEANNE.

Oui, Madame. *(Elle sort par la droite.)*

SCÈNE VIII

MADAME PONTHIONNE, LÉONIE, MADAME GRIBERT, BÉATRICE.

BÉATRICE, *à madame Gribert.*

Maman, recoiffez-moi un peu.

MADAME GRIBERT.

Je crois bien, mon ange, assieds-toi là. *(Madame Gribert s'emploie à attifer sa fille.)*

MADAME PONTHIONNE, *à Léonie.*

Regarde si ma robe tombe bien. Fais-lui faire le rond. Mets-toi à genoux. *(Léonie se consacre à la toilette de sa mère.)*

SCÈNE IX

LES MÊMES, SABINE.

SABINE, *s'adressant aux Ponthionne.*

Puis-je vous être bonne à quelque chose ?

MADAME PONTHIONNE,

Merci, ma fille est là.

SABINE, *s'adressant aux Gribert.*

Et à vous autres ?

BÉATRICE.

Merci, Madame, j'ai maman.

SABINE, *à madame Gribert.*

Ainsi, ma chère bonne, cette nuit encore, la cinquième de suite, tu vas la passer sur une petite chaise, à veiller, à bailler jusqu'au jour.

BÉATRICE.

Oh ! maman sait très bien s'arranger pour faire dodo dans un coin.

MADAME PONTHIONNE, *à Sabine.*

Nous vous quittons.

SABINE, *à madame Ponthionne.*

N'oubliez pas de prendre congé de maman. Elle est pleine d'attention pour les autres, et très attentive pour elle-même.

MADAME PONTHIONNE, *à Sabine.*

Je n'y aurais pas manqué. Au revoir, chère amie... Viens, Léonie.

LÉONIE, *à Sabine.*

Au revoir, Madame. (*Madame Ponthionne et Léonie sortent par le fond.*)

SCÈNE X

SABINE, MADAME GRIBERT, BÉATRICE.

MADAME GRIBERT, *désignant Béatrice.*

Lui as-tu fait compliment de son nouveau collier de perles?

SABINE.

Tu es folle ! Qu'est-ce que cela t'a encore coûté ?

MADAME GRIBERT.

Rien ! J'ai donné en échange les bijoux que j'avais.

SABINE, *embrassant les deux femmes l'une après l'autre.*

Tâche au moins de garder ta peau sur tes os. (*A Béatrice.*) Allez vous amuser, jolie enfant gâtée, trop gâtée !

MADAME GRIBERT, *indiquant le fumoir.*

Ne laisse pas mon mari s'éterniser chez toi. Il a du travail sur son bureau.

SABINE.

Comment ! ce pauvre M. Gribert n'a pas non plus le repos de ses nuits !

MADAME GRIBERT, *montrant Béatrice.*

Eh bien! Et la dot! (*Madame Gribert et Béatrice s'en vont par la droite.*)

SCÈNE XI

SABINE, MARAVON, *entrant par la gauche.*

SABINE, *désignant les femmes qui sortent.*

Ah ! mon cher Maravon, venez me dire que j'ai là une amie absurde.

MARAVON.

Madame Gribert ?

SABINE.

Avez-vous remarqué qu'elle a pris les aspects d'une gouvernante. Et d'ailleurs elle en fait le métier. Elle a cessé d'avoir une existence personnelle. Elle ne veut plus rien avoir à elle. Tout appartient à sa fille !... Pendant ce temps, le mari s'exténue pour subvenir aux toilettes de Béatrice. Et celle-ci, trônant au-dessus de ses père et mère, me fait l'effet d'une idole un peu odieuse.

MARAVON.

Je ne partage pas votre opinion, chère petite amie. Devant ces êtres si naïvement naturels, je me plais, au contraire, à voir fonctionner les plus simples rouages de la famille. Ces gens-là se conforment à la loi qui commence par demander à la mère la chair de sa chair, souvent sa beauté, sa santé, au besoin même sa vie, pour

en constituer l'enfant. Dès lors, au profit de la génération nouvelle, la nature s'évertue à dépouiller la génération précédente. Elle demande sans trêve aux ascendants,
sous forme de dépenses, labeurs, anxiétés, dotations,
sacrifices, tout le reste de leurs forces vives, pour en
équiper, armer, parer ceux qui descendent vers la plaine
de l'avenir... Voyez moi-même : il s'est agi de créer
une situation à mon fils. Didier m'a bien vite persuadé
que mon avoir serait mieux placé désormais dans ses
mains devenues viriles... Et pour vous démontrer que
madame Gribert et sa fille rentrent dans la plus pure tra-
dition classique, si vous le permettez au pédantisme
d'un vieil universitaire, je tirerai mon argument de l'an-
tiquité.

SABINE.

Ne vous gênez pas !

MARAVON.

Vous n'avez, sans doute, jamais entendu parler des
« lampadophories » ? Voici ce que c'était : Pour cette
solennité, des citoyens s'espaçaient, formant une sorte de
chaîne, dans Athènes. Le premier allumait un flambeau à
l'autel, courait le transmettre à un second, qui le trans-
mettait à un troisième, et ainsi, de main en main. Chaque
concurrent courait, sans un regard en arrière, n'ayant
pour but que de préserver la flamme qu'il allait pourtant
remettre aussitôt à un autre. Et alors dessaisi, arrêté, ne
voyant plus qu'au loin la fuite de l'étoilement sacré, il
l'escortait, du moins, par les yeux, de toute son anxiété
impuissante, de tous ses vœux superflus. On a reconnu

dans cette Course du Flambeau l'image même des généra-
tions de la vie; ce n'est pas moi, ce sont mes très
anciens amis Platon et le bon poète Lucrèce.

SABINE.

Je ne conçois pas de la sorte les relations de famille.
A mon point de vue, recevoir la vie engage autant que
la donner. Il y a quelque chose d'analogue, de simul-
tané, un lien unique qui fait se contre-balancer les obligations. Puisque la nature n'a pas permis aux enfants de
se fabriquer tout seuls, je dis, moi, qu'elle a donc eu l'intention de leur imposer une dette envers ceux qui les
mettent au monde.

MARAVON.

Les enfants s'acquittent en faisant, à leur tour, des
enfants.

SABINE.

Ils s'acquittent en pratiquant la piété filiale, dont vous
semblez oublier tant d'actes héroïques!

MARAVON.

Peuh!... Énée, à l'incendie de Troie, emportant son
père sur les épaules? Mais à chaque occasion nos pom-
piers en font autant pour des gens qu'ils n'ont jamais
vus... Mademoiselle de Sombreuil, buvant un verre de sang
humain pour sauver les jours du marquis? Mais qui ne
surmonterait un pareil instant de dégoût pour préserver
d'un égorgement... son concierge?... La gravure a popu-
larisé encore le dévouement d'une femme dont le vieux

père mourait de faim en prison : elle s'y introduisit et lui donna son sein à téter. Quelle est la nourrice qui ne voudrait soulager, par une offrande semblable, la captivité de tout un escadron ?

SABINE.

Il est toujours facile de plaisanter.

MARAVON.

Citez-moi des traits vraiment sublimes ?

SABINE.

Je n'ai pas votre érudition.

MARAVON.

Non, voyez-vous, l'humanité se bat les flancs pour se persuader, à elle-même, qu'elle n'est pas mauvaise fille. Or, elle l'est, de naissance, comme, de naissance aussi, elle est bonne mère... Relisez les commandements du mont Sinaï : pas un mot sur les devoirs envers la progéniture ! Pourquoi donc ? Parce que c'était inutile. Parce que toutes les créatures s'étaient mises d'instinct à soigner leurs petits. Mais les devoirs envers les parents, voilà ce qui n'a pas été sous-entendu ; voilà ce qui n'allait pas de soi-même ! « Honore tes père et mère, afin de vivre longuement sur la terre. » Il n'y a pas que l'injonction, il y a, pour allécher, la promesse d'une prime à réaliser, dès ce bas monde... Croyez-moi, la reconnaissance filiale n'est pas spontanée ; elle est un effort de civilisation, un fragile essai de vertu !

SABINE.

Vous me permettrez bien de vous opposer mon propre cas, à moi qui vis entre une mère et une fille… Je crois pouvoir dire que je sais ce que c'est que d'aimer son enfant?

MARAVON.

Dites même que vous atteignez à la perfection de la sollicitude.

SABINE.

Bref, si je critique certaines exagérations maternelles, cela ne m'empêche pas de sentir que, pour épargner une sérieuse douleur à Marie-Jeanne, j'immolerais sans hésiter ma vie. Mais je chéris ma mère spontanément aussi, sans recourir à cet effort de raison, que vous prétendez. Et pour sauver ma mère d'un péril, je donnerais également ma vie, je vous l'assure.

MARAVON.

Parbleu! vous êtes ici trois excellents cœurs roulés dans la bonne pâte des tendres illusions. Vous pensez respectivement vous connaître. Vous ne vous connaissez seulement pas vous-même. Vous ignorez tout ce que vous valez comme mère. Et vous ignorerez toujours, j'espère, le peu que vous valez comme fille. Cela ne s'apprend pas dans les douceurs de l'harmonie, mais sous les violences de l'épreuve, par le cri arraché des entrailles.

SCÈNE XII

LES MÊMES, MADAME PONTHIONNE *et* LÉONIE.
Ces deux personnes, revêtues de leurs manteaux, ne font que tra-
verser la scène, de la porte du fond à la porte de droite.

MADAME PONTHIONNE.

A bientôt.

SCÈNE XIII

SABINE, MARAVON.

SABINE.

Et celle-ci, je vous prie? Parlez-moi donc du cri de ses
entrailles? Que fait-elle de votre loi de nature? Est-ce là
une mère qui se sacrifie? ou une fille qui est sacrifiée?
Laquelle des deux tient le flambeau? comme vous dites.

MARAVON.

Je ne méconnais pas les exceptions. Je sais que plus
d'une, sous l'ordre d'abdiquer, se rebelle. Je sais qu'il y
a parfois éclipse des rayons maternels quand, devant la
femme de plaisir, l'ombre d'un enfant à elle se hausse et
s'élargit. Mais ces types-là de résistance féminine, ces

tempéraments renforcés, pour confirmer mon système,
font souvent les meilleures grand'mères. Combien en
ai-je vu de coquettes attardées goûter avec délices ce re-
nouveau d'être tout à coup de jeunes bonnes-mamans !...
Mais voici monsieur Gribert. Je lui cède la place ; je vais
prendre congé de madame Fontenais. *(Maravon sort par le
fond.)*

SCÈNE XIV

SABINE, GRIBERT, *entrant par la gauche.*

SABINE.

C'est ainsi, monsieur Gribert, que vous ne reparaissez
qu'au moment où il ne va plus y avoir personne ?

GRIBERT.

Je ne suis pas le dernier, chère madame ! Monsieur
Stangy achève de fumer tout seul, les yeux au plafond.
Et c'est même lui qui m'a captivé, en me contant la façon
américaine dont il pratique l'art des déplacements. Ainsi,
ce soir, il ne repassera pas chez lui pour endosser sa tenue de voyage.

SABINE, *avec une simple curiosité.*

Ce soir, dites-vous ? Il s'absente ? Où va-t-il ?

GRIBERT.

Mais il retourne en Amérique.

SABINE, *troublée.*

Allons donc! Il ne m'en a rien dit. C'est impossible.

GRIBERT.

Je vous demande bien pardon. Il ira coucher tout à
l'heure en wagon-lit. Il trouvera dans un sac à main
un costume de jour, pour se rhabiller en temps convenable. De sorte que vous l'allez voir partir de votre salon pour la Louisiane, en habit noir et en cravate
blanche.

SABINE, *très nerveuse.*

Je suis curieuse de voir cela!

GRIBERT.

Moi, j'en suis toujours au vieux principe français de re-
vêtir en chemin de fer ce que l'on a de plus râpé, de
plus crasseux. *(Considérant ses manches.)* Au fait, ça me per-
mettrait de voyager aussi en habit. Voilà ce que c'est
que d'avoir une belle demoiselle à élever et à marier!

SABINE, *impatientée.*

Votre femme et votre fille sont parties depuis longtemps.

GRIBERT.

Je me sauve. *(Il sort par la porte de droite.)*

SCÈNE XV

SABINE, STANGY, *entrant par la gauche.*

SABINE.

On m'apprend que vous venez me faire vos adieux,
que vous partez pour l'Amérique ?

STANGY.

Oui, je pars.

SABINE.

C'est sérieux ?

STANGY.

Très sérieux.

SABINE.

Mais pourquoi ?

STANGY.

Il ne me restait qu'à retourner là-bas, du moment que
vous n'acceptez pas d'être ma femme.

SABINE.

Vous ai-je jamais durement repoussé ?

STANGY.

Oh ! non ! toujours avec une grâce légère !... Dans les

débuts, vous faisiez dévier nos entretiens vers les souvenirs de l'époque où mes parents m'avaient envoyé faire mes études en France, et où les vôtres me servaient de correspondants. Cela vous servait à m'objecter qu'étant un si bon ami d'autrefois, je risquais de me méprendre aujourd'hui en croyant vous aimer d'amour. La dernière fois que je vous ai interrogée, vous vous êtes défendue contre mes déclarations brûlantes, en m'invitant encore à réfléchir, sans me rien promettre. Tout sot que je sois, j'ai su comprendre, à la longue, que vous mettiez un soin aimable à m'évincer.

SABINE.

Vous avez compris cela!... Avouez, en tout cas, que vous me détestez à présent!... Si vous n'obéissiez à de la haine, vous n'auriez pas décidé, sans m'en informer, ce départ si brutal!

STANGY.

J'ai cédé à un sentiment lâche... Songez que j'avais cru m'absenter de chez moi pour un mois ou deux, le temps de refaire un peu connaissance avec Paris! Vous ayant retrouvée veuve, libre, pleine de séductions, je vous ai tout de suite désirée, et j'ai tout de suite espéré devenir votre mari. Voici près d'un an que je vous sollicite, et que vous me faites souffrir...

SABINE.

Mon cher Stangy!

STANGY.

Chaque fois que j'ai menacé de me réfugier dans mon

2

pays, il vous a suffi, pour me désarmer, d'un sourire, d'un défi. Je m'en retournais soumis. J'étais stupide. Je me suis alors avisé que je ne tiendrais jamais la résolution de m'affranchir, si je vous la notifiais à l'avance. En ce moment de tristesse profonde, je me sens pourtant fort, non pas seulement de l'idée qu'avant une demi-heure je serai parti, mais encore parce que j'ai contracté l'obligation de partir...

SABINE.

Comment cela ?

STANGY.

Lorsque je vous suppliais, naguère, de lier votre vie à la mienne, je vous annonçais l'intention de vendre mes terres, afin de m'installer librement ici où vous tiennent vos devoirs, vos affections, vos habitudes...

SABINE.

Oui... Eh bien ?

STANGY.

Désormais, au contraire, réduit à chercher l'oubli dans une activité absorbante, dans un travail fiévreux, j'ai pris le moyen de tripler l'étendue de mon exploitation. Un vaste domaine, contigu au mien, est en adjudication à la Nouvelle-Orléans. Il passe pour invendable, tant sa mise en valeur réclame de peines et de frais. J'ai pensé qu'une charge aussi lourde, dont je ne me déferais pas sans désastre, m'attacherait contre toute velléité de retour.

J'ai négocié l'achat et donné mandat que l'on traite pour
moi, avant l'heure des enchères, demain matin.

SABINE.

Je vous écoutais jusque-là, supposant qu'il s'agissait
d'une absence plus ou moins longue que vous alliez faire.
Je m'y serais résignée, parce que l'avenir, du moins,
me semblait sauvegardé.

STANGY.

Quel avenir ?

SABINE.

Ne me posez pas de questions. Cessez de faire le mauvais. Voyez, je vous souris. Vous avez prétendu que je
disposais ainsi d'un argument irrésistible... Vous allez
vous rendre au télégraphe. Il y a, quelque part, un bureau
ouvert toute la nuit. Vous expédierez un contre-ordre,
qui vous dégagera encore à temps.

STANGY.

A cette heure-ci, c'est vrai, j'aurais peut-être encore
le temps, bien juste... Mais je n'en profiterai pas. Je veux
me délivrer de votre vue qui me supplicie, de votre voi-
sinage qui fascine ma volonté, qui m'attire sans cesse et
ne me mène à rien. Non! vous ne me dompterez plus!

SABINE.

Ah! vous me contraignez à m'expliquer, à me démas-
quer, avant l'événement que j'avais envisagé!... Ai-je donc
eu réellement tant d'hypocrisie ou, plutôt, avez-vous été

assez aveugle pour qu'il vous soit échappé que mes sentiments répondent aux vôtres?

STANGY.

Quoi ? Je ne vous suis pas indifférent ? Vous m'aimez ?
Vous m'avez dit que vous m'aimiez ? C'est bien cela que
vous avez dit ?

SABINE.

Oui.

STANGY.

Que m'apprenez-vous là ? Que m'exprimez-vous ?...
si tard !...

SABINE.

Je vous le confesse, j'ai cherché, en effet, à obtenir
de vous, malgré vous, du délai... N'allez pas, à présent,
me reprocher trop d'astuce, ni me mépriser !...

STANGY.

Ah ! ma chère !... ma chérie !... Parlez en toute confiance !

SABINE.

Vous savez, c'est souvent dans la nature des femmes
de ne devenir tout à fait franches que quand elles ne
peuvent plus faire autrement.

STANGY.

Mais quel prétexte aviez-vous de dissimuler ? Était-ce

une épreuve ? Ne vous jugiez-vous pas assez sûre de moi ?

SABINE.

Ne vous égarez point. Les considérations que j'ai suivies ne regardaient que ma fille ; mais, par cela même, elles m'étaient sacrées.

STANGY.

Je ne saisis pas.

SABINE.

Oh ! Stangy, voyons !... Ma fille pour qui je suis encore tout au monde ! Sa jeune âme, en train de se former aux grandes sensibilités ! N'ai-je pas dû me défendre contre la tentation d'installer, tout à coup, un rival en face d'elle ? Comment lui infliger l'évidence que mon cœur serait dorénavant partagé ?... Je n'ai aperçu d'autre ressource que de me dérober vis-à-vis de vous. J'évitais les réponses qui pouvaient attiser votre impatience. J'affectais la légèreté, la froideur même. Les jours s'écoulaient, formant des mois, bientôt une année. Je rêvais d'atteindre ainsi, sans révolte de votre part, jusqu'au mariage de Marie-Jeanne. Je faisais comme les vieillards qui ne devinent pas que leur fin est proche. Je m'étais habituée à ne pas prévoir, moi, la mort de mon rêve : je vivais !... Hélas ! combien des soleils derniers de ma jeunesse ai-je ainsi laissés, un à un, s'éteindre !... Vous me trouvez sans doute bien peu coquette à votre égard, et bien égoïste de n'avoir point tout d'abord compté avec l'âge qui,

2.

chaque jour, me dispute une parcelle de mes modestes agréments.

STANGY.

Ne craignez rien : vous justifiez toujours autant mon admiration pour vous. Quant à votre fille, je m'efforcerai d'être, pour elle, un beau-père dont elle n'ait qu'à se louer.

SABINE.

Oh! elle, je n'aurais eu qu'à la consulter, j'en suis sûre, pour en rapporter sa plus affectueuse soumission au projet de m'unir à vous. Mais c'eût été abuser de sa candeur. La tâche des mères est de protéger contre tout réveil cruel l'esprit imprévoyant, l'innocence de leurs enfants. Je me représentais les petits bonheurs dont je sèvrerais Marie-Jeanne, si je rompais son étroite intimité avec moi : Ses épanchements du soir et du matin dans le négligé de nos chambres!... Ses bras purs que, de temps immémorial, elle connaît pour les seuls maîtres de m'embrasser!... Pouvais-je être, moi, la première, à blesser les plus délicates pudeurs de ma fille, quand elle verrait mon seuil ne plus lui être constamment ouvert?... quand je me heurterais au timide détournement de son front, au reproche chaste et jaloux de ses yeux?

STANGY.

Pendant que vous imaginiez tout cela, chère amie, vous oubliiez ce que j'endurais, moi qui, au sortir d'ici, restais souvent un quart de la nuit à rôder furieusement sous vos fenêtres!... Mais vous venez de me faire trop de bien.

Je ne suis plus à plaindre. Je ne récriminerai pas contre vos scrupules, quoiqu'ils aient été excessifs, convenez-en, maintenant que nous en avons triomphé?

SABINE.

Vous ne doutez plus de mon désir de porter votre nom. Vous pouvez à présent concevoir quel rôle bienfaisant, quel personnage inespéré vous jouez dans ma vie qui n'a pas eu sa part de bonheur, et qui, sans vous, est appelée à finir sombre et muette, recélant tout son besoin d'amour... Mais si je vous ai avoué combien vous m'êtes cher, il ne m'appartenait pas d'ajouter que je me sentisse aujourd'hui plus libérée qu'hier.

STANGY.

A présent que je me sais aimé, vous admettriez de m'ajourner encore!

SABINE.

Je vous ai livré tout mon secret, pour que vous collaboriez à ma tâche. Reconnaissez que j'ai le devoir de ne pas nuire à l'établissement de Marie-Jeanne. Elle est actuellement fille unique. C'est là un bien que le sort m'a fait lui constituer, en quelque sorte, depuis sa naissance. Si je l'en dépouillais, quel acte accomplirais-je à son égard?... Elle ne possède rien, du chef de son père. Elle a tout à revenir de moi. Son avenir est précis, fixé, classé. Il est ici, en portefeuille. Notre notaire peut annoncer ce qu'elle aura plus tard... Mais, d'après la façon dont on compte dans la société, une fois la mère rema-

riée, devant la perspective des survenances d'enfants, la
valeur de la fille est tout de suite rabaissée de moitié,
des deux tiers, des trois quarts...

STANGY.

Ma fortune est bien supérieure à celle qu'il y a de
votre côté. Si vous me donnez un enfant, plusieurs enfants, ils devront s'en contenter. Je ferai en sorte que
l'héritage de votre fille ne soit pas diminué.

SABINE.

Je sais qu'entre gens loyaux comme nous, tout peut
s'arranger en faveur de la justice, même contre la loi. Et
si Marie-Jeanne était mariée, je suis persuadée qu'en met-
tant, ce soir, ma main dans la vôtre, je n'exposerais celui
qui l'aurait épousée à aucune duperie, par la suite. Mais
nous n'en sommes pas là ! Ma fille n'est encore qu'un
parti de demain, d'après-demain... Si je m'unissais immédiatement à vous, n'aurais-je pas à redouter pour elle,
désormais, les méfiances peut-être insurmontables d'une
famille dans laquelle Marie-Jeanne se mettrait en tête
d'entrer ? Ces étrangers objecteront que l'entente morale
entre vous et moi est irrégulière, que de futurs enfants
auront moyen d'attaquer des dispositions prises, que
même nous pouvons, vous et moi, nous raviser au bénéfice d'un petit être nouveau... Et si Marie-Jeanne est alors
sérieusement éprise ? Et si des parents détachent d'elle
un fils déférent, un fiancé qu'elle chérirait ?... La verrais-je
donc sangloter et rester seule, parce que, moi, j'aurais
trouvé que la vie à deux m'était belle et bonne ?... Ou

bien faudra-t-il que je l'oriente vers des mariages inférieurs à ceux que mon esprit, jusqu'à présent, s'était plu à lui destiner ?... Oh! non! ne me demandez point que je coure aucun risque de faire à ma fille du tort, du chagrin, du mal!... Mon ami, je sais désapprouver les erreurs de sensiblerie chez les mères... Mais ce que je vous dis là, c'est de la simple honnêteté maternelle... Ne me regardez pas comme une coupable, avec cette sévérité!

STANGY.

Combien de temps vous proposez-vous de me faire encore souffrir ?

SABINE.

Mon Dieu! vous voici redevenu méchant.

STANGY.

Vous m'avez suffisamment démontré que vous aimiez votre fille d'un tout autre cœur que vous ne m'aimez.

SABINE.

Pourquoi faire des comparaisons ?... Je vous aime tous les deux... Oh! écoutez-moi. Comment vous fixerais-je une date ? Je vous dirais : un an... que je mentirais à ce que je souhaite pour le bien de Marie-Jeanne, pour sa santé, et même à ce que je souhaite pour moi, si j'ose dire. La pauvre petite n'a que dix-sept ans! Le parfum qui me vient de cette âme blanche en fleurs, puis-je le chasser de moi ? Vous ne voudriez pas que je pousse prématurément mon enfant dans les bras d'un garçon ?... Quand elle me quittera de son propre élan, mon déchirement sera déjà bien assez rude! Oh! soyez alors auprès de moi pour me soutenir, pour me consoler, pour me griser!...

STANGY.

Je ne m'astreindrai plus, pour un laps indéterminé, à des langueurs insupportables et humiliantes. Il y a trop longtemps que mon âme s'ulcère. Dépêchez-vous de la guérir, ou je pars la soigner, selon la méthode que j'ai inventée.

UN DOMESTIQUE, *entrant par la droite.*

Le valet de chambre de monsieur Stangy est arrivé, avec la voiture du chemin de fer.

SABINE.

Ah!

STANGY, *au domestique.*

C'est bien! *(Le domestique sort.)* La seconde raison de vivre, dont je me suis pourvu, est là qui m'appelle. C'est ma résurrection, tandis que je suis encore assez jeune pour renaître dans l'énergie et la dignité du travail.

SABINE.

Ne créez pas d'irréparable entre nous, je vous en conjure! Envoyez une dépêche.

STANGY.

Mon dernier mot est celui-ci : je veux vous avoir, mais je ne veux plus vous attendre.

SABINE.

Et moi, j'en suis réduite à vous répondre toujours la
même chose : n'y eût-il qu'une possibilité au monde pour
que mon remariage suscitât un obstacle au mariage de
ma fille, c'est trop! Cela corromprait d'un goût de
remords les joies qui voudraient se poser sur mes lèvres...

STANGY.

Quand j'aurai franchi cette porte, si ce n'est pas pour
aller au télégraphe, et me dégager, tout sera terminé
entre nous. Vous ne pourrez plus me rappeler; je ne
saurais plus revenir. Je serai déjà en Belgique, pour ga-
gner de là l'Angleterre où je m'embarquerai. Il ne va plus
y avoir aucun moyen d'empêcher l'acte, qui, demain
matin, m'aura enchaîné, sur l'autre bord de l'Atlantique,
jusqu'à la fin de mon existence.

SABINE.

Je vous ai dit tout ce que je croyais, tout ce que je
sentais. Vous me broyez le cœur, sans détruire l'idée que
je me fais de mon devoir... Je n'ai pas le droit!... Je ne
dois pas!... Je ne peux pas!...

STANGY.

Adieu!

SABINE.

Oh! ne partez pas encore!

STANGY.

Il faut que je sois au train dans vingt minutes.

SABINE.

Vous ne me laisserez pas sans nouvelles? Vous m'é-
crirez?

STANGY.

Pas de lettres! Si vous m'en adressiez, je ne les ouvri-
rais pas. Reposez-vous de moi, et laissez-moi me reposer
de vous!

SABINE.

Vous reviendrez? Je vous reverrai?

STANGY.

Jamais! *(Il s'éloigne.)*

SABINE.

Oh! Oh!... Stangy?

STANGY, *prêt à revenir.*

Quoi?

SABINE, *après une lutte intérieure.*

Non!... En effet!... Rien! *(Elle tombe sur un siège.)* O
Marie-Jeanne! *(Stangy sort par la droite.)*

SCÈNE XVI

SABINE, MARIE-JEANNE, *entrant par le fond.*

MARIE-JEANNE.

Vous êtes seule, mère?

SABINE.

Oui.

MARIE-JEANNE.

Nous voici entre nous... Est-ce que vous êtes souffrante ?

SABINE.

Je viens d'éprouver un malaise... Ne t'inquiète pas.
Embrasse-moi seulement. Serre-moi fort contre toi ! Dis-
moi que tu m'aimes bien !

MARIE-JEANNE.

Je vous adore.

SABINE.

Ma fille !... Tiens, vois-tu, je suis déjà toute revenue à
moi.

MARIE-JEANNE.

Bien vrai ? Vous êtes absolument remise ?

SABINE.

Oui.

MARIE-JEANNE.

Je puis causer avec vous, sans crainte de vous fati-
guer ?

SABINE.

Tu as quelque chose à me raconter ?

MARIE-JEANNE.

Dites-moi, d'abord, que vous aussi, vous m'aimez
bien ?

SABINE.

Ah ! petite ! tu ne sauras jamais combien !

MARIE-JEANNE.

Je vais au contraire le savoir tout de suite. A votre
tour, serrez-moi contre vous. Faites que je sente votre
cœur près du mien. Approchez votre oreille de ma
bouche... Mère chérie, j'aime Didier Maravon.

SABINE.

Hein ?... Quoi ?... Qu'est-ce que tu me chantes-là ?

MARIE-JEANNE.

Didier et moi, nous nous aimons.

SABINE.

Vous vous aimez ?... J'entends que vous êtes d'excellents amis ?

MARIE-JEANNE.

Ne faites pas semblant de ne pas comprendre : Didier
veut m'épouser.

SABINE.

Ah ! C'est cela que tu avais à m'annoncer ?... Eh bien !
ce jeune homme a bon goût de penser à toi pour l'ave-

nir. Mais se déclarer ainsi à une fillette, c'est du mauvais goût.

MARIE-JEANNE.

Ah ! mère, ne plaisantez pas.

SABINE.

Je n'en ai guère envie, je te jure !

MARIE-JEANNE.

Je me suis engagée envers Didier à obtenir votre consentement.

SABINE.

Vraiment !

MARIE-JEANNE.

Selon ce que vous allez décider, vous avez le pouvoir de me rendre bien heureuse, ou bien malheureuse.

SABINE.

Mon enfant, tu t'exprimes avec tant de vivacité, qu'il me convient de te redonner le ton juste, dès ce soir, au lieu de t'envoyer au lit, ce qui serait le plus urgent. Sache donc que je n'ai pas de prévention contre Didier, sauf qu'il t'ait troublé l'esprit trop tôt. En effet, tu n'es guère robuste ; tu ignores à peu près le monde. Je ne te trouve pas mûre pour le mariage. Tout ce que j'ai à te répondre, séance tenante, c'est que vous pourrez continuer à vous voir... Vous ne serez pas ainsi bien à plaindre... Cela vous servira à contrôler la force de votre attachement l'un pour l'autre. Et, plus tard, dans assez longtemps, nous verrons!

MARIE-JEANNE.

Ce n'est pas cette réponse-là que j'ai promise à Didier. Il s'en est allé avec l'espoir que, dès demain, il sera mon fiancé et, bientôt après, mon mari! Excusez-moi d'insister de toutes mes forces!

SABINE.

Va dormir. J'ai besoin, moi, de repos.

MARIE-JEANNE.

Comment dormirais-je avec l'idée qu'une déception si violente se préparerait pour Didier?... Oh! épargnez-moi de lui faire tant de chagrin! Je n'en aurais pas le courage : il m'aime trop!

SABINE.

C'est toi qui es ensorcelée, petite malheureuse!

MARIE-JEANNE.

Pourquoi votre voix est-elle si dure? Ce n'est pas mal que nous nous aimions?

SABINE.

Laisse-moi, te dis-je! *(Appelant madame Fontenais.)* Ah! ça! maman, que faites-vous par là-bas?... Venez gourmander une gamine qui prétendrait publier demain ses bans avec Didier Maravon!

SCÈNE XVII

SABINE, MARIE-JEANNE, MADAME FON-TENAIS.

MADAME FONTENAIS, *venant du fond*.

Tiens! Tiens! Cette Marie-Jeanne! Voyez-vous cela!...
Il est agréable!

SABINE.

Mettez au pas votre petite-fille. Dites-lui que son instruction n'est seulement pas terminée. On ne se mêle
pas, d'aller, par le monde, faire la dame, quand, à la fin
de ses cours de l'année, on ne connaîtra encore l'histoire
de France que jusqu'en 1610.

MARIE-JEANNE, *à madame Fontenais*.

Je vous demande de nous dire à quel âge mère s'est
mariée?

MADAME FONTENAIS.

Eh! Eh! ma mignonne, elle avait à peu près l'âge que
tu as.

MARIE-JEANNE.

Vous entendez, mère?

SABINE.

J'ai eu tort. Le triste sort de mon ménage, par la suite,
n'a que trop justifié les conseils de temporisation qui me
furent alors prodigués.

MADAME FONTENAIS.

Inutilement... *(A Marie-Jeanne.)* Il faut, pourtant, petite,
que je te fasse envisager certains côtés sérieux auxquels
tu n'as sans doute pas songé : La position sociale de Didier n'est pas encore établie. Ce serait sage d'attendre
qu'il soit entré dans la voie de la prospérité.

MARIE-JEANNE.

Vous voudriez que je le laisse à présent se débattre
tout seul, que je m'abstienne prudemment de m'associer
aux difficultés de ses débuts. Et, quand il aurait réussi, je
viendrais lui déclarer : « Maintenant, j'en suis... » Ah!
non! ne m'exhortez pas à cela! J'en garderais, sur toute
ma vie, une gêne, une honte!

MADAME FONTENAIS, *à Sabine.*

C'est gentil ce qu'elle dit là!

SABINE.

C'est en raisonnant de cette manière que je suis allée
aux catastrophes.

MADAME FONTENAIS.

Il conviendra pour ta fille de mieux s'y prendre que
pour toi. Quand nous serons à faire le contrat vis-à-vis

d'un futur, quel qu'il soit, j'exigerai que tous les biens présents et à venir de Marie-Jeanne soient placés sous le régime dotal. *(A Marie-Jeanne.)* Cela signifie que ni ton mari ni toi-même vous ne pourrez jamais toucher au capital. Sais-tu d'avance si une condition aussi rigoureuse ne rebroussera point le projet de ton soupirant?

MARIE-JEANNE.

Il signera tout, les yeux fermés. Il m'a, de lui-même, exprimé le vœu qu'il ne lui fût jamais parlé d'argent à propos de notre amour... Grand'mère, vous causez souvent avec Didier, vous connaissez la noblesse de son caractère, la générosité de sa nature... Ah! intercédez en notre faveur! prêtez-moi votre appui.

MADAME FONTENAIS.

Ma foi! Sabine, les objections qui m'incombaient, pour la sauvegarde des intérêts, me paraissent levées.

MARIE-JEANNE.

Mère chérie! vous qui ne m'avez jamais fait de peine, faites-moi aujourd'hui tout le bien que vous pouvez! Mon cœur est si gros qu'il m'étouffe!... Voyez mon émotion! Voyez mes larmes!

SABINE.

Crois-tu que je n'aie pas envie de pleurer!... Réfléchis, Marie-Jeanne, qu'il n'y a qu'un instant ma pensée te regardait comme ma toute petite encore, dont l'âme était emplie par mon amour pour toi, par ton amour pour moi. Et, subitement, tu me sommes de jouer mon dernier rôle dans ton bonheur! Il ne m'appartient plus que de l'empêcher, ou bien d'en charger dorénavant un étranger! Tu me frappes de cette révélation que mes baisers, mes caresses, le tendre nid où je t'ai mise, que tout cela ne te suffit plus, que rien d'ici, rien de moi ne saurait te retenir... Ah! je n'avais pas prévu, pour si tôt, cette blessure!

MARIE-JEANNE.

Mais je vous aime toujours autant! Je ne mérite pas de reproches aussi cruels!... J'en appelle, ma petite mère, à vos propres souvenirs : Lorsque, jadis, vous avez été impatiente de vous marier avec mon père, est-ce que cela vous fit cesser de chérir les êtres qui vous avaient élevée? Ne restiez-vous pas, quand même, la fille bien aimante de grand'mère?

SABINE.

Oui, à cette heure, tu me fais revivre la fille que je fus. Je la comprends par la fille que j'ai... C'est juste!

MARIE-JEANNE.

De grâce, mère, ne me repoussez pas. Vous aurez un enfant de plus, pour vous adorer, pour vous bénir. Ah! permettez que Didier soit bientôt votre fils! Dites-moi que vous consentez, je vous en prie! Je vous en supplie!

SABINE, *à bout de résistance.*

Mes nerfs sont usés. Mon cœur ne veut plus te garder malgré toi.

MARIE-JEANNE.

Vous ne dites plus non?... C'est vrai? c'est bien vrai? *(Sabine fait un signe affirmatif.)* Oh! ma mère chérie, quelle joie vous m'accordez! Je ne sais comment vous l'exprimer! Je ne vous embrasserai jamais assez!

SABINE.

Ne me remercie pas trop, pas tant!... Sois bien contente, mais plus bas... tout bas!...

MADAME FONTENAIS.

Allons, Sabine, secoue-toi! Quand ta fille t'aura quittée, pense que tu ne seras pas seule, pense que ta mère te reste!

SABINE.

Oui!

MARIE-JEANNE, *à madame Fontenais.*

Oh! n'est-ce pas? grand'mère, vous serez là, pour être, tout le temps, bien bonne pour elle.

SABINE.

Toi mariée, ma petite!... Marie-Jeanne mariée!... Oh! cela me semble si... si comique. *(Elle fond en larmes.)*

ACTE II

Un bureau meublé comme un petit salon, et situé au rez-de-chaussée.
Au fond, une porte donnant sur un jardin; une porte, à gauche,
donnant sur une allée; une porte, à droite, communiquant avec l'appartement.

SCÈNE PREMIÈRE

MARIE-JEANNE, LÉONIE. *Au lever du rideau, Marie-Jeanne, venant de l'appartement avec Léonie, achève de lui faire effectuer le tour du propriétaire.*

MARIE-JEANNE.

Et ici, tu vois, c'est le bureau de Didier. Il donne sur
le jardin : la verdure te cache les écurie et remise. Nous
n'avons que deux chevaux; c'est peu pour les courses
de mon mari, pour les miennes, pour mes visites. Mais il
faut être raisonnable, dans les commencements.

LÉONIE.

Je comprends qu'avec ces facilités et ce confortable,
on s'accommode très bien d'habiter Boulogne-sur-Seine.

MARIE-JEANNE.

Il importait que Didier ne fût plus astreint, soir et matin, à un trajet considérable. *(Désignant la porte de gauche.)*
Par cette porte, qui est notre passage vers l'avenue, il
ne met pas cinq minutes d'ici à son usine.

LÉONIE.

Qu'est-ce que ta mère a dit quand tu as quitté son
quartier, où elle t'avait installée, pour venir résider si
loin d'elle ?

MARIE-JEANNE.

Pauvre bonne mère ! elle m'a fait toute une histoire.
Elle m'a traitée d'ingrate. Parmi je ne sais combien de
griefs, elle m'a reproché même des choses accomplies à
mon insu : entre autres, d'avoir refusé, il y a quatre ans,
de se remarier, par dévouement pour moi.

LÉONIE.

Avec monsieur Stangy ?

MARIE-JEANNE.

Comment l'as-tu appris ?

LÉONIE.

C'est qu'à l'époque où toi et moi nous étions jeunes
filles, j'ai pu saisir quelquefois des mots, au sujet de ce
monsieur, entre papa et maman.

MARIE-JEANNE.

Quels mots ?

LÉONIE.

Tu ne te scandaliseras pas?... Mon père disait : « Je ne suis pas curieux, mais je voudrais bien savoir jusqu'à quel point vont les choses entre madame Revel et monsieur Stangy ?... » Cela mettait maman dans tous ses états. « C'est vous, se récriait-elle, qui avez la manie de voir le mal, dès qu'un homme est poli avec une femme ! Le mal n'existe que dans la cervelle des maris comme vous !... » Mais je bavarde et je devrais être partie. Adieu. Mes bébés m'attendent.

MARIE-JEANNE, *la reconduisant*.

Quelle chance tu as d'en avoir !

LÉONIE.

Trois enfants en trois ans, je n'appelle pas ça de la chance !

MARIE-JEANNE.

Moi, depuis le temps, je commence à désespérer.

LÉONIE.

Crois-en mon expérience : cela vous arrive toujours quand on ne s'y attend pas. (*Léonie sort.*)

SCÈNE II

MARIE-JEANNE, DIDIER. *Didier entre soucieux par la porte de l'allée.*

DIDIER.

Mon père n'est pas venu?

MARIE-JEANNE.

Non. J'ignorais que nous le verrions aujourd'hui. Comme tu as mauvaise mine! Pourquoi as-tu l'air si fatigué? D'où arrives-tu?

DIDIER.

J'avais affaire chez des banquiers. J'ai dû courir aux quatre coins de Paris.

MARIE-JEANNE.

C'était bien la peine que nous déménagions pour te mettre à proximité de tes affaires, si tu recommences à passer ta vie sur la grande route. Depuis une quinzaine, tu te transportes à Paris chaque jour, quand ce n'est pas deux fois par jour.

DIDIER.

Ça n'est pas pour mon plaisir.

MARIE-JEANNE.

C'est peut-être par excès de zèle... Oui je t'agace, je le sais, quand je te prêche un peu de modération... Pourquoi te surmener ainsi ? Ne m'as-tu pas dit, l'année dernière, que nous étions déjà presque riches ?

DIDIER.

Quand on est dans les affaires, on ne peut jamais dire ce qu'on possèdera encore le lendemain.

MARIE-JEANNE.

Ah ! avec un homme tel que toi, je me sens bien tranquille ! Je n'ai qu'une appréhension, c'est que tu abuses de tes forces, et que tu tombes malade. Je t'aime tant ! Tout-à-l'heure, figure-toi, j'enviais Léonie d'être mère. Et, cependant, lorsque je sors de mes envies les plus folles d'avoir un petit être qui serait de toi, que de fois je tremble, s'il venait, d'être alors exposée à l'aimer plus que je ne t'aime ! Quand je t'embrasse comme ceci, je sens au fond de moi s'épanouir toute une maternité satisfaite. Je te sens être, à la fois, mon mari et mon enfant.

DIDIER.

Marie-Jeanne, tu m'aimeras toujours ainsi, n'est-ce pas ?... même si l'avenir t'enlevait des illusions sur ma valeur ou mes capacités !... Ah ! je voudrais pouvoir combler tous tes vœux, faire de toi la plus heureuse des femmes !

MARIE-JEANNE.

Aucun bonheur ne vaudra le mien, si tu ne m'apportes

plus de visage assombri ni lassé… Mon Dieu ! je suis moins
sérieuse que toi, c'est évident, je forme des projets plus
futiles. Ce que je voudrais, d'abord, ce serait que tu
eusses bien ménagé ta jeunesse pour l'heure où nous en-
treprendrons ces beaux voyages, que tu m'as promis, tu
te rappelles ? en yacht !… Ah ! parcourir le monde à ton
côté sous des ciels nouveaux, cela, c'est mon rêve, ne
me le retire pas !…

DIDIER.

Oui, rêve !… C'est le meilleur temps que l'on puisse
prendre à la vie.

MARIE–JEANNE.

Il faudrait, pour bien faire, que d'ici une douzaine
d'années, mettons quinze ans, tu te retirasses avec fortune acquise… Après que tu auras été décoré.

DIDIER.

Ah ! voilà une bêtise à laquelle je suis loin de songer.

MARIE–JEANNE.

Elle fait son petit effet sur presque tout le monde. Il
n'y a guère de regard qui n'en soit taquiné. Quand
passent dans la rue les gens à ruban rouge, je ne me re-
tiens jamais de chercher à reconnaître, du coin de l'œil,
si c'est le vrai. Lorsque deux hommes causent dans un
salon, je vois toujours celui qui est décoré fixer l'autre
dans les yeux, et celui qui ne l'est pas fixer son interlocuteur à hauteur de la boutonnière. Enfin quand nous
irons au théâtre, au Bois, sur les plages, dans les villes

d’eaux, cela m’amusera d’imaginer que nous faisons dire
aux badauds : « Elle n’est pas trop mal cette petite femme,
qu’on voit, toujours, avec son mari, qui est décoré... »
Ah ! me montrer avec toi ! Être sans cesse avec toi !
C’est le but de ma vie et de tous mes instants ! Tu vois,
je me doute bien que je te retarde ici, que je t’impatiente ; et je ne me décide pas à m’en aller. Renvoie-
moi...

DIDIER.

Oui !... J’ai horriblement à faire ! Nous reparlerons...
plus tard.

MARIE-JEANNE.

A tantôt. (*Elle sort.*)

SCÈNE III

DIDIER, MARAVON, *entrant par le fond.*

DIDIER.

Mon père !

MARAVON.

J’ai fait ta commission, de mon mieux.

DIDIER.

Tu as bien démontré à ma belle-mère que, réellement,
il n’y avait pas de ma faute.

MARAVON.

J'étais allé là pour te rendre témoignage et parler en
ta faveur, comme il ne t'appartenait pas de le faire toi-
même… J'ai tout expliqué : les concurrences qui se sont
multipliées autour de toi; la mauvaise foi d'un bailleur de
fonds qui se dérobe, et avec lequel il faudrait courir les
chances obscures et interminables d'un procès; cette
faillite enfin de ton plus gros client, impossible à prévoir,
et qui va te frustrer dans quelques jours d'une énorme
rentrée. J'ai dit nos tentatives infructueuses auprès des
hommes d'argent : les uns préférant te laisser faire la cul-
bute pour te dévaliser ensuite à leur aise ; les autres de-
mandant une garantie de ta famille. Je n'ai pas eu besoin
d'ajouter que cette garantie, ce n'était pas moi qui pouvais la donner, puisque, en dehors de ma pension de retraite, le peu que je possédais sombre avec toi.

DIDIER.

La grand'mère assistait à la séance ?

MARAVON.

Oui.

DIDIER.

Qu'a-t-elle dit ?

MARAVON.

Lorsque j'ai indiqué la somme qu'il te fallait, lorsque
j'ai prononcé le chiffre de trois cent mille francs, Madame Fontenais s'est bornée à devenir encore plus pâle. Tu

sais qu'elle n'a pas le cœur en bon état... Tu m'avais
chargé d'exposer la crise où tu es, mais non de solliciter
le secours. Au surplus, tu seras bientôt fixé sur les in-
tentions de la mère et de la fille : elles vont venir te
trouver.

DIDIER.

Aujourd'hui ?... Ici !... Et Marie-Jeanne qui n'a encore
aucun soupçon !

MARAVON.

Comment cela ? J'ai donné à ces dames l'assurance que tu
avertissais ta femme pendant que je venais près d'elles...

DIDIER.

Le courage m'a manqué tout-à-l'heure. Devant le babil
de cette chère innocente, devant son jeu de châteaux en
Espagne, j'ai reculé l'instant de mon aveu... D'ailleurs, le
malheur peut être conjuré sans que j'aie bourrelé la cervelle de Marie-Jeanne.

MARAVON.

Tu ne peux pas dissimuler à ta femme que tu demandes
une si forte avance sur un futur patrimoine qui est le sien.

DIDIER.

C'est juste, je perds les notions de conduite les plus
élémentaires.

MARAVON.

Il n'est pas interdit toutefois que ce soit moi qui, au-

près de Marie-Jeanne, devienne encore le porteur de
mauvaises nouvelles.

DIDIER.

Tu m'as rappelé que j'ai, à son égard, un devoir d'amour
et d'humilité qui ne s'esquive pas.

MARAVON.

A vous deux, toi, dans l'état aigu où tu es, elle, avec ses
élans passionnés, vous exaltant l'un l'autre dans l'émula-
tion de vos sentiments d'époux, vous vous feriez plus de
mal que n'en fera mon langage paternel et mesuré.

DIDIER.

Soit ! J'accepte. Je te la confie.

MARAVON.

Est-ce que je la trouverai dans sa chambre ?

DIDIER.

Elle s'est arrêtée au salon. *(La voix de Marie-Jeanne résonne
dans la coulisse.)* Tu l'entends : elle chante. *(Maravon sort
par la porte des appartements.)*

SCÈNE IV

DIDIER, SABINE, *arrivant par le fond.*

DIDIER.

Ah ! c'est vous !

SABINE.

Vous êtes seul?

DIDIER.

Ma femme est actuellement avec mon père.

SABINE.

J'aime mieux cela. Dans ses bras, j'achèverais tout de suite de perdre la raison; et le peu que j'en ai m'est nécessaire pour aviser avec vous. La démarche de Maravon, tout à l'heure, ses brusques révélations à votre sujet m'ont tellement abasourdie que je n'ai pas eu la présence d'esprit de lui adresser les questions les plus importantes.

DIDIER.

Mon père m'avait rapporté qu'avec votre visite j'aurais celle de madame Fontenais?

SABINE.

Maman n'est pas loin. A son âge et dans son état de santé, une surprise aussi pénible lui coupe les jambes. En descendant à la station, elle n'a pas voulu retarder mon impatience d'être chez vous. Elle m'a laissé prendre les devants... Je ne viens pas récriminer, je viens achever de savoir. J'admets, je crois que vous n'avez été ni imprudent ni maladroit et que c'est uniquement la chance qui vous a trahi. Passons à ce qui va pouvoir arriver, faites-moi bien comprendre le point où vous en êtes...

DIDIER.

J'en suis au moment où ma position peut être sauvée
tout entière, ou tout entière perdue. J'offre qu'on fasse
examiner mes comptes, mes livres, ma correspondance
par l'expert qu'on voudra; et l'on se convaincra ainsi que
je ne demande pas un cadeau, mais une commandite appelée à prospérer elle-même, tout en me rendant la prospérité. Ce n'est pas pour moi, soyez-en convaincue, que
je m'acharne à ne pas lâcher prise. Depuis que je me dé-
bats contre le sort, j'ai vu tant de vilenies et de duretés
chez les manieurs d'argent, j'ai tant éprouvé d'angoisse
et de découragement, que je renoncerais volontiers à
mes ambitions, à la lutte, à tout, si j'étais seul. Mais il y
a Marie-Jeanne, ses habitudes heureuses, ses joies d'enfant chérie, ses luxes innocents de belle petite madame...
Et pour ne pas lui infliger des renoncements, des humi-
liations, des tristesses, à cause d'elle je ne me résigne
pas à succomber!

SABINE.

Mon ami, chacun de nous pense à Marie-Jeanne avant
de penser à soi. Nous l'aimons si fort que souvent, l'un
l'autre, nous nous en sommes détestés...

DIDIER.

Je proteste que je n'ai jamais eu pour vous de tels sentiments.

SABINE.

Soit! ce n'est que moi que j'accuse d'avoir nourri une

hostilité de rivale, des rancunes jalouses quand il me
semblait que, dans les affections de ma fille, vous usur-
piez sur ma part. Mais aujourd'hui que, près d'elle, il ne
s'agit plus d'un malaise à dorloter, ni d'accaparer des caresses, à cette heure où il s'agit de conjurer un péril,
sentez en moi une alliée bien sincère, bien ardente!...

DIDIER.

Votre concours m'est indispensable pour obtenir de
madame Fontenais les trois cent mille francs qu'il me
faut et qui m'ont été refusés partout. Si, à cette dernière
porte où je frappe, je suis définitivement repoussé, je
vois, avant peu, crouler tout ce que j'ai mis quatre ans
d'efforts à édifier, je suis déclaré en faillite...

SABINE.

Oh!

DIDIER.

Je suis saisi par les huissiers...

SABINE.

Ah! misère!... La faillite!... la saisie!... Ces mêmes mots
qui, aux mauvais jours d'autrefois, m'entraient dans les
oreilles comme des vrilles brûlantes, j'étais donc con-
damnée au supplice de les réentendre aujourd'hui, chez
ma fille!... Mais son apport à elle, Maravon nous a certifié
qu'il n'était pas compromis?

DIDIER.

Naturellement : la dot de ma femme, en valeurs do-
tales, est intacte, inerte, déposée à la Banque de France.

SABINE.

Par conséquent, quoi qu'il arrive, la ruine de votre
ménage ne saurait être tout à fait complète?

DIDIER.

Elle sera plus fâcheuse à mes yeux que si elle était
complète. Comment! j'aurais réduit à l'indigence celui-ci
et celui-là; mais, moi, mon contrat de mariage me for-
cera pourtant d'être encore un petit rentier! J'aurai ruiné
du monde, et je ne serai pas ruiné! On pourrait me jeter
ce reproche à la figure. Ah! c'est vous méprendre sur
mon compte, si vous supposez que je me résignerais vi-
lainement à devenir insolvable, et pis encore! à passer
pour un malin chez les gens ayant eu confiance dans ma
parole, dans l'honnêteté de ma signature. Pouah! je me
dégoûterais de me sentir encore là, toujours dans ma
peau!

SABINE.

Quel parti prendriez-vous donc?... Vous ne répondez
pas?... Vous me faites peur... C'est mal!

DIDIER.

Pardon! ma mère! je me suis emporté au delà de ce
que je devais dire.

SABINE.

Non, Didier, c'est moi qui, en arrivant, vous ai mis en
demeure de préciser votre situation. Elle m'est apparue
maintenant dans toute son horreur. Je sais qu'il n'est

plus seulement question de restaurer vos affaires et de maintenir vos facilités de dépenses; je sais que c'est le moment de sauver l'existence même de votre foyer. Pour cela, l'effort que vous réclamez, si gros qu'il soit, doit être accompli. Je m'y emploierai énergiquement.

DIDIER.

Merci de vos bonnes paroles! J'en avais besoin... Avez-vous quelque indice sur les dispositions de madame Fontenais?

SABINE.

Elle n'a pas eu à se prononcer. Nous n'avons encore échangé, toutes deux, que des réflexions, des soupirs, des jérémiades.

DIDIER.

Si vous le voulez bien, quand elle va être ici, ne remettons pas l'heure de connaître sa volonté.

SABINE.

Je préfère que maman n'ait pas l'impression que, vous et moi, nous soyons deux à nous soutenir en face d'elle, contre la tranquillité de ses fonds. Je ne mets pas sa bonté en doute. Mais je me précautionne envers ce qu'elle aurait parfois d'ombrageux, peut-être, dans le caractère. Laissez-moi donc intervenir seule.

DIDIER.

Parfaitement. Je m'en vais. Ma présence est, d'ailleurs,

nécessaire à l'usine. Je remets entre vos mains mon sort et le repos de Marie-Jeanne. *(Il sort par la porte de gauche.)*

SCÈNE V

SABINE, MADAME FONTENAIS, *entrant par le fond.*

SABINE.

Venez, maman, venez vous asseoir ici.

MADAME FONTENAIS.

Ni ta fille ni ton gendre ne sont là ?

SABINE.

Votre petite-fille et votre petit-gendre me laissent le soin de faire le grand appel à votre générosité.

MADAME FONTENAIS.

Ce n'est pas de moi, je suppose, qu'on attend trois cent mille francs.

SABINE.

On ne vous demande là qu'une avance : le capital ne sera pas perdu ; il sera placé.

MADAME FONTENAIS.

Dans de bonnes mains, si j'en juge par le résultat où en sont les affaires de Didier.

SABINE.

Faites-les étudier par des personnes compétentes, en qui vous aurez foi. On ne vous sollicite de rien verser qu'à bon escient.

MADAME FONTENAIS.

Non! Je n'entrerai pas dans cette voie, je ne me laisserai entraîner à aucun de ces examens au bout desquels il y a des mirages dont on devient dupe. C'est de la sorte que ton mari, jadis, nous a coûté près de cinq cent mille francs... Nous étions riches d'un million et quart, quand, après trente-cinq ans de labeur, monsieur Fontenais se retira. Que me reste-t-il depuis que j'ai donné cent cinquante mille francs de dot à Marie-Jeanne?... Quelque chose comme six cent mille francs. C'est bien. Ce n'est pas trop. C'est juste ce qu'il faut pour que je vous fasse tous vivre honorablement.

SABINE.

Vous parlez de vie honorable! Voilà précisément la question. Je dois vous dire que, quand même vous compromettriez la moitié de vos biens actuels pour la cause de vos petits-enfants, c'est là un risque dont il ne serait pas beau de vous affranchir. Il s'agit d'éviter au nom que porte Marie-Jeanne le scandale d'une liquidation judiciaire. Vous entendez, n'est-ce pas? Vous n'aviez pas envisagé cette éventualité, j'en suis sûre, quand vous avez commencé par m'opposer un refus si net. Moi-même, je n'y avais pas songé, avant que Didier m'eût ouvert les yeux là-dessus. Nous autres femmes, nous n'avons pas un ins-

tinct aussi prompt que celui des hommes, pour percevoir
le point d'honneur.

MADAME FONTENAIS.

Oui, je connais ça. Ces messieurs, dans l'occurrence,
nous disent : « Mon honneur !... Mais votre sexe n'a point
les délicatesses du nôtre... Pour réhabiliter notre honneur d'homme, que nous avons aventuré, donnez-nous
seulement votre argent de femme... »

SABINE.

Vous parleriez moins sévèrement si vous aviez vu
avec quelle noble indignation, tout à l'heure, Didier re-
poussait la pensée de ne pas faire honneur à ses engage-
ments. Il m'a signifié qu'il se tuerait !

MADAME FONTENAIS.

Ah ! je connais encore cette histoire ! Autrefois, ton
mari, — on te l'a caché, — venait trouver le mien à des
veilles d'échéances, et le menacer de suicide. Ton père
donnait, et redonnait. Puis, quand il eut allongé tout un
demi-million, et que ton mari vint encore parler de mettre
fin à ses jours, M. Fontenais se dit : « Eh bien !... Eh
bien !... » Eh bien ! il ne s'est jamais tué, le fichu bon-
homme !

SABINE.

Maman ! il est mort.

MADAME FONTENAIS.

Oui, un beau jour, d'une pleurésie !

SABINE.

Je voudrais, certes, me persuader que Didier n'accomplirait pas l'atroce action de rendre ma fille veuve. Mais, tout au moins, d'autres accidents lamentables se préparent. Il n'y a qu'un instant, la perspective de la saisie m'a été indiquée ! J'ai cru voir s'introduire ici des mains brutales, qui s'abattaient impitoyablement sur ce mobilier auquel tient l'âme de Marie-Jeanne par l'intimité de tous les jours, par les sentiments affectueux pour les objets donnés, par la petite gloire contente que font les objets choisis. J'ai vu transporter à la rue, disperser aux enchères ses pauvres choses aimées...

MADAME FONTENAIS.

Ton esprit galope !... Si la rigueur des événements entraînait aussi loin, j'en serais quitte pour racheter tout ce qui meuble et orne cette maison. Je pourrai reconstituer l'intérieur de ta fille et l'installer où elle voudra, chez moi ou ailleurs. Je subviendrai à tous les frais de son ménage....

SABINE.

Vous promettez de lui faire la charité ! De la part d'une grand'mère, ce n'est pas assez, à la veille de calamités qui peuvent frapper notre enfant de déchéance et de mortel désespoir !

MADAME FONTENAIS.

Est-ce que c'est moi que je défends contre tes objurgations ? Que faut-il donc à mes besoins personnels ?...

Une robe noire et une petite chambre!... A quoi est-ce
que je dépense les vingt mille francs, environ, que j'ai de
rentes? A te loger convenablement, à te permettre un peu
d'élégance, à t'offrir un semblant de train de maison, à te
payer un mois de campagne l'été, quelques plaisirs de
théâtre l'hiver, et du médecin à discrétion dès que j'ai
cru voir passer sur toi un courant d'air. Le solde que
mes revenus me laissent à chaque fin d'année, je l'emploie joyeusement en étrennes pour toi et Marie-Jeanne.
Ce que je défends, c'est ce qui éclaire, çà et là, d'un
sourire, ta vie qui n'a pas eu sa part, et que je ne laisserai pas devenir plus étroite et plus noire. Ne sens-tu
donc pas que c'est ton indépendance de demain, ton
patrimoine à venir, que je sauvegarde là?

SABINE.

Je fais passer ma fille avant moi. Ne vous occupez pas
de moi!

MADAME FONTENAIS.

Je défends, dans la tourmente, le radeau sur lequel,
après le naufrage de ton mari, tu as repris pied la première, sur lequel Marie-Jeanne va pouvoir, à son tour,
monter, et en même temps repêcher son mari... Et puis,
voilà! j'ai assez répondu!

SABINE.

Ne me chargez pas de rapporter une condamnation
sans appel aux deux malheureux dont vous tenez les espérances. Dites-moi plutôt que vous réfléchirez pendant
quelques heures, quelques jours même.

MADAME FONTENAIS.

Ce serait tromper les gens. C'est tout réfléchi.

SABINE.

Dites, au moins, que vous accorderez une partie de ce qu'on implore de vous. Promettez deux cent mille francs. Cela facilitera sans doute de se procurer le reste... Maman, je vous en supplie, quand ce ne serait que cent mille francs, promettez-les ?

MADAME FONTENAIS.

Je ne jetterai pas un morceau de notre avoir à cette usine vorace, dont j'ai maintenant appris à redouter les deux ou trois cents bras, le souffle grondant de flamme et de fumée. Je n'alimenterai pas ce monstre, qui ne cessera d'avoir faim et qui nous mangerait tous !...

SABINE.

Ah ! si mon bon père était là, il se prononcerait certainement avec plus de miséricorde ! Dans des circonstances pareilles, vous venez de le rappeler vous-même, ses premiers mouvements furent secourables, il s'émut, il se saigna !

MADAME FONTENAIS.

Ton père a eu le suprême souci que sa fille et sa petite-fille ne fussent pas saignées après lui !... Quand il eut pris le lit pour y mourir, je le vois encore me saisissant les mains et me disant : « Sabine est veuve. Elle est bien jeune ! Elle se remariera sans doute. En tout cas, notre

petite-fille se mariera. Je veux, avant de m'en aller, avoir
fermé chez nous le chapitre de ce que peuvent gaspiller
les gendres. Jure-moi que, quoiqu'il arrive, tu ne te lais-
seras endoctriner par personne. Jure-moi que tu ne prê-
teras jamais ta signature, ni rien de la fortune qui reste,
après que j'ai mis tant d'affection conjugale et de cœur
paternel à la constituer... » Ma fille, je n'ai pas de reli-
gion plus chère que la mémoire de mon mari. Or, je lui
ai juré ce qu'il voulait. Je n'ai plus rien à t'expliquer
après cela. *(Elle veut s'en aller.)*

SABINE.

Écoutez-moi encore !

MADAME FONTENAIS.

Non, la discussion est close.

SABINE.

Je vous en conjure, écoutez-moi.

MADAME FONTENAIS.

Allons ! écarte-toi.

SABINE.

Vous ne vous retirerez pas sur un mot impitoyable.

MADAME FONTENAIS.

Cette lutte m'a fait mal.

SABINE.

A moi aussi.

MADAME FONTENAIS.

J'ai besoin de prendre l'air.

SABINE, *lui barrant le passage.*

Tout à l'heure.

MADAME FONTENAIS.

Laisse, que j'aille au jardin respirer.

SABINE, *avec éclat.*

Vous respirerez, maman, quand ma fille sera tirée d'affaire !

MADAME FONTENAIS.

Sabine !... Comment me parles-tu ?

SABINE, *reculant.*

Oui !... je viens de vous manquer de respect !... C'est que, dans ce premier désaccord entre nous, je ne vous reconnais pas. Et je ne me reconnais plus ! *(Madame Fontenais sort au jardin.)*

SCÈNE VI

SABINE, MARIE-JEANNE, *puis* MARAVON,
entrant successivement par la porte des appartements.

MARIE-JEANNE.

Ah ! mère !

SABINE, *la prenant dans ses bras.*

Ma petite!... Ma pauvre enfant!

MARIE-JEANNE.

Ce n'est pas moi qui suis intéressante, c'est Didier...
Que de mauvais sang il se sera fait en cachette! Comme
il est courageux! comme il est tendre! Où est-il? C'est
encore son terrible travail qui l'aura réclamé, et qui
m'empêche de me jeter à son cou!... Enfin, puisque nous
savons tous la vérité, il touche au terme de ses maux...
Vous l'avez vu? Vous l'avez réconforté?

SABINE.

Quand il est parti, mon entretien avec ta grand'mère
n'avait pas encore eu lieu.

MARIE-JEANNE.

Les choses sont arrangées?

SABINE.

Non!... Maman m'a opposé un serment que mon
père mourant a eu, paraît-il, la prudence de lui dicter.
Elle ne donnera aucune commandite. Je me suis heurté à
un formel refus.

MARAVON.

Diable!

MARIE-JEANNE.

Ma petite mère, quand un vaillant et honnête homme,

tel que Didier, recourt à sa famille, ce qu'il demande, si
on le possède, on le lui doit!

SABINE.

Mes instances n'ont réussi qu'à faire quitter la place
à ta grand'mère. Elle s'est retranchée dans son obstina-
tion, par là-bas. Mais, je ne te conseille pas de la relancer
à ton tour, je la sens irréductible!...

MARAVON.

Alors, c'est la catastrophe.

MARIE-JEANNE.

Mère, vous empêcherez cela! Vous n'allez pas abandonner Didier. Qu'est-ce que vous allez faire? Trouvez!... Dites!...

SABINE, à Maravon.

Voyons! Quoique je n'aie aujourd'hui aucune fortune
à ma disposition, je représente toutefois, dès à présent,
ce que j'aurai, — je viens d'y penser, — quand maman
sera morte.

MARIE-JEANNE.

Mais oui! vous pouvez emprunter!

MARAVON.

Vous n'obtiendrez pas d'argent, ou ce ne serait que
chez des usuriers, et en quantité dérisoire. On vous
expliquera que madame Fontenais peut prendre en faveur
de sa petite-fille des dispositions qui frustreraient, plus

ou moins, votre créancier. On vous objectera surtout
que, si vous mouriez avant votre mère, vous n'auriez jamais hérité, et qu'en ce cas, il n'y aurait plus personne,
ni rien pour payer votre dette.

MARIE-JEANNE.

Mais, je peux, de mon côté, garantir la signature de
mère. On ne prétendra pas, sapristi! que grand'mère va
nous enterrer toutes les deux.

MARAVON.

Vous hériterez, vous, sous le régime dotal. Ce que
vous auriez reconnu devoir, c'est la loi elle-même, qui
vous interdirait de l'acquitter. Votre signature ne vaut
donc rien non plus.

MARIE-JEANNE.

Mon Dieu! Être incapable de racheter l'âme en peine
qui se tourmente là-bas, qui, je le sens, se tourmente
surtout pour moi!

MARAVON.

Je vais informer mon fils de ce qui s'est passé chez lui
depuis que nous nous sommes quittés.

MARIE-JEANNE.

Dites-lui que je ne vous accompagne pas, pour ne
point lui porter de trouble devant des étrangers. Dites-
lui que je l'aime de tout mon cœur, que je l'aime encore
plus! que je l'attends! *(Maravon sort.)*

SCÈNE VII

SABINE, MARIE-JEANNE.

SABINE.

Si, en face de ta grand'mère, je ne m'étais pas brisée contre une de ces résistances absolues comme en créent les cas de conscience, si elle avait seulement consenti une mise de fonds de quelque importance, l'affaire eût encore pu s'arranger. J'aurais assumé les démarches les plus indiscrètes. J'aurais couru chez nos amis; j'aurais certainement recueilli, de divers côtés, des participations quelconques. Mais je ne puis me présenter chez personne en disant : « Combien voulez-vous mettre ? Ma mère ne met rien ! »

MARIE-JEANNE.

Nous n'avons pas le choix des moyens. Essayons toujours de celui-là.

SABINE.

Il faudrait avoir des amis comme il n'y en a guère, et comme nous n'en avons pas.

MARIE-JEANNE.

Vous avez un ami, ma mère... qui est très riche... qui vous aime beaucoup...

SABINE.

Moi?

MARIE-JEANNE.

Un ami qui a voulu vous épouser...

SABINE.

Oh! Marie-Jeanne!... Dans un moment où je suis déjà si énervée, si endolorie, ne touche pas à ce souvenir... L'ami auquel tu fais allusion, je ne l'ai plus. J'ignore où il est, et ce qu'il est devenu.

MARIE-JEANNE.

Comment est-ce possible qu'après avoir été liés dès l'enfance vous n'ayez pas conservé ensemble une correspondance au moins de courtoisie?

SABINE.

Je lui ai jadis écrit pour lui apprendre que ton mariage venait de se décider. J'espérais une réponse... je ne sais quelle réponse. J'aurais dû m'abstenir, car il m'avait exprimé sa décision de ne plus entendre parler de moi. Il s'est tenu parole. Ma lettre m'est revenue sans qu'il l'ait décachetée.

MARIE-JEANNE.

Il a eu cette attitude dans la première période de dépit. Il doit être redevenu abordable. Je crois me rappeler que sa propriété de famille, en Amérique, s'appelait Blanche-Côte?

SABINE.

Oui.

MARIE-JEANNE.

C'était près de la Nouvelle-Orléans, n'est-ce pas?...
dans l'État de Louisiane.

SABINE.

Oui. Mais qu'importe cela?

MARIE-JEANNE, *allant vers des livres.*

Didier a sur son bureau un dictionnaire d'adresses
pour l'étranger. Je vais voir si celle dont nous avons besoin y figure. L'exemplaire est de cette année.

SABINE.

Je t'en prie, ne cherche pas. Laisse ce livre... Ne tente
rien qui rouvre un passé que j'ai tout fait pour oublier!

MARIE-JEANNE.

Voilà!... J'y suis : « Blanche-Côte, exploitations de
mines de sel et de mines d'argent, cultures de coton et
de sucre, propriétaire : Stangy. » Entre parenthèses, les
initiales N. G.

SABINE.

Norbert-Georges!...

MARIE-JEANNE.

Le voilà donc retrouvé! C'est bien lui. Approchez-
vous. Regardez vous-même.

SABINE, *cédant à cet appel.*

Il me semble épeler, sur un tombeau, un nom qui me fait battre le cœur.

MARIE-JEANNE.

M. Stangy est bien vivant!... Son activité, vous en lisez la preuve, brasse évidemment une foule de capitaux, avec le geste large qu'on a dans le Nouveau-Monde. De plus, puisqu'il vous a offert de vous épouser, nul n'est mieux désigné que lui pour avoir de la confiance en vous, pour se contenter de votre garantie, pour être empressé à vous rendre service... A tous les points de vue, il m'apparaît comme l'être providentiel chargé de notre salut. Écrivez-lui une longue lettre bien explicative. Il a le temps de la recevoir et de répondre... Ma petite mère, voici une plume, de l'encre, du papier. Dépêchez-vous d'écrire à monsieur Stangy.

SABINE.

Me rappeler à lui par une demande d'argent!... Lui réapparaître sous les traits d'une quémandeuse, d'une connaissance d'autrefois, qui se fait importune!... Oh! non! vois-tu!... Je tiens à croire, pour me compenser d'avoir perdu son amour, que tout de même un lien est resté entre nous, fait de son estime et de ma fierté. N'exige pas que je détruise encore cela, que je me dégrade peut-être dans l'opinion qu'il a emportée de moi!... Je n'en ai pas le courage!...

MARIE-JEANNE.

Et où en trouverai-je, moi, du courage, si ma grand'-

mère dit : « Je ne donne pas l'argent que j'ai », si ma
mère ajoute : « Je n'écris pas la lettre que je peux » ?...
Qu'est-ce qui m'appartient, à moi, de faire pour mon
mari ?

SABINE.

Je m'exprime mal. Je n'obéis pas aux conseils d'un
faux orgueil, ni même au souci de la plus simple dignité.
Je me sens tenue par quelque chose de plus profond, de
plus impérieux. C'est une pudeur à l'égard de cet
homme, toute une grande pudeur vis-à-vis de celui-là,
parce qu'il m'a aimée, parce que, son argent, il me sem-
blerait que je l'extorque au souvenir d'un sentiment sacré,
et que j'y supporte une odeur d'amour payé. Comprends
donc cela ! Dis-moi que tu devines ce que j'éprouve. Tu
es femme aussi !...

MARIE-JEANNE.

Je suis femme, oui, femme de Didier. La pensée qui
m'hypnotise est celle de mon mari. Mes yeux ne peuvent
se détacher de l'issue par laquelle il cesserait de se casser
la tête contre les murs. J'insiste, mère, avec toute mon
énergie, pour que vous vous adressiez à monsieur Stangy.

SABINE.

Tu me réduis à interroger ma conscience, à me demander si la résistance que je t'oppose est dénaturée ?...
Mais non !... Je revois la minute où, ayant à me décider
au sujet du même homme, je t'ai, sans restriction, préférée à moi. Je ne puis donc me défier de ce que mon
instinct me suggère aujourd'hui. Si je m'arrête, ce n'est,

à coup sûr, que devant une indélicatesse, une malpropreté d'âme.

MARIE-JEANNE.

Il vous paraît plus propre de voir votre fille et son mari, cousus de dettes, rouler dans les mauvaises affaires!... Vraiment, quand je regarde où nous en sommes tous, permettez-moi de regretter que vous n'ayez pas accepté autrefois l'offre irréprochable de monsieur Stangy. Au lieu qu'il nous soit devenu un étranger auquel vous n'osez pas recourir, il pourrait être ici, avec sa fortune, et, pour assister mon ménage, il serait mon beau-père!

SABINE.

Tu m'accuses de t'avoir fait du tort?

MARIE-JEANNE.

Oh! je ne vous accuse pas. Si vous vous êtes trompée, je sais bien que c'est par excès d'affection pour moi. Mais je m'affole à l'idée que nous n'aboutissons à rien, que je vais reparaître devant mon Didier les mains vides, au lieu de pouvoir lui dire : « Espère! regarde, il y a déjà ceci de fait. » Alors, songeant au sacrifice exagéré que, dans un autre temps, vous avez cru bon d'accomplir, je ne puis m'empêcher d'apercevoir qu'il retombe, à présent, sur ma destinée.

SABINE.

Assez, Marie-Jeanne. Du moment que tu en juges ainsi, c'est bien. Je vais essayer de réparer, vis-à-vis de toi, la faute que tu m'attribues.

MARIE-JEANNE.

Ah! chère mère, je ne saurais regretter mes paroles, puisqu'elles me valent d'avoir à vous remercier une fois de plus... L'une et l'autre, nous ignorons quelle chance vous avez de réussir. Mais, parmi les vœux que je forme, il en est un qui me vient, pour la récompense de votre peine.

SABINE.

J'ai pris le parti d'agir, sans plus d'espoir d'être jamais récompensée.

MARIE-JEANNE.

Permettez-moi pourtant de vous dire la petite idée que votre agitation, tout à l'heure, le son de votre voix, m'ont inspirée. Cet ami, plus cher que je ne m'en doutais, auquel vous aviez renoncé par tendresse maternelle, c'est peut-être votre fille, en vous contraignant à écrire cette lettre, qui va vous le ramener...

SABINE.

Tu imagines que Stangy pourrait revenir? Où vas-tu chercher une pareille supposition? Quelle démence!... J'admets qu'il ne m'en veuille plus, qu'il se prête obligeamment à fournir une solution pour les embarras dont je l'aurai informé... Mais c'est tout!... Ses occupations sont organisées. Nous ne savons rien des choses qui, depuis quatre ans, ont traversé sa vie... Lui, revenir!... Ah! si, par impossible, il débarquait, pour rien au monde je ne voudrais qu'il me revoie!...

MARIE-JEANNE, *lui présentant un miroir.*

Et pourquoi donc ? Vous êtes toujours la même, toujours aussi jeune, aussi charmante qu'au temps où il était
là...

SABINE, *reposant le miroir sans avoir voulu s'y regarder.*

Comme tu t'illusionnes sur ta mère, ma pauvre chérie !
Va, tu ne me feras pas croire que je n'aie pas changé !...
Ne me parle plus. Laisse-moi lui écrire froidement, net-
tement, et de façon à ce qu'il soit persuadé que je ne le
rappelle pas... « Mon cher ami... » Non. *(Elle froisse une
première feuille de papier.)* « Mon cher Stangy... » *(Elle paraît
méditer les termes de sa lettre ; elle étend la main vers le miroir,
et après s'y être regardée, timidement :)* Alors, tu crois que je
n'ai pas trop changé ?

ACTE III

Même décor qu'au premier acte.

SCÈNE PREMIÈRE

LA FEMME DE CHAMBRE, *seule, faisant des recherches parmi les meubles.*

Est-ce que je sais, moi, où elle l'a fourrée, sa broderie, cette vieille !

SCÈNE II

LA FEMME DE CHAMBRE, MARAVON.

MARAVON.

Voyez donc si l'on prévient monsieur Didier de ma visite...

LA FEMME DE CHAMBRE.

Oui, monsieur. *(Elle sort.)*

SCÈNE III

MARAVON, MADAME FONTENAIS,
entrant sans le voir.

MADAME FONTENAIS.

Eh bien, Jenny?... en finirez-vous? *(Apercevant Maravon.)*
Vous ici, à dix heures du matin? J'aime à croire que ce
n'est pas en vertu d'un mot d'ordre, pour me faire, à
votre tour, votre scène?

MARAVON.

Non! ma vieille amie. Ce n'est pas vous que je viens
voir, c'est mon fils, qui n'a pour demeure que la vôtre,
depuis qu'il a été mis en faillite, avec votre assentiment.

MADAME FONTENAIS.

Vous avez du reproche au bout des dents. Est-ce que
je vous reproche, moi, les tracas dont votre garçon a
gratifié ma famille?... Lui ai-je adressé, à lui-même, le
moindre mot de blâme? Un seul mot sévère?... Je lui ai
dit : « Vous et votre femme, venez chez moi, vous y
serez chez vous. » Or, c'est bien vrai qu'ils sont ici chez
eux; mais je n'y suis plus chez moi... Hier au soir, j'ai dû

m'enfuir de cette pièce, devant l'assaut que me livraient
à la fois ma fille, ma petite-fille et mon petit-gendre !...
On ne cherche plus à m'ahurir avec la perspective de la
faillite, puisqu'elle est arrivée, et que la terre ne s'est
pas entr'ouverte, et que, Dieu merci ! nous sommes tous
vivants. Mais on m'attaque avec un nouveau prétexte :
l'obtention du concordat de votre fils, pour lequel on
prétendait me faire aligner, au plus juste prix, cent mille
francs.

MARAVON.

Madame Fontenaïs, si la faillite de Didier n'a causé la
mort de personne, je puis vous dire que c'est grâce à
Marie-Jeanne, grâce à madame Revel, et grâce à moi. Il y
a eu plusieurs jours pendant lesquels, si l'on avait quitté
d'une minute mon malheureux fils, il n'aurait fait qu'un
bond de son domicile là-bas, jusque dans la Seine. A trois
que nous étions, nous avons eu la force de le faire se
résigner à son vrai devoir, qui est de poursuivre désormais sa réhabilitation commerciale. Mais, pour entrer
dans cette voie, il a besoin d'avoir quitté d'abord l'état
de faillite, où il ne peut rien faire : ni réaliser un projet,
ni acheter, ni vendre, ni toucher, ni payer. L'assemblée
de ses créanciers, devant laquelle il est convoqué pour
midi tout à l'heure, va définitivement prononcer sur son
sort, suivant qu'il ajoutera, ou non, cent mille francs à
l'actif qu'il abandonne. N'en veuillez donc pas à Didier
de l'âpreté qu'il a pu mettre, dans cette péripétie suprême,
à vous demander les moyens de redevenir un citoyen,
un homme, quelqu'un enfin de libre et d'égal aux autres.

MADAME FONTENAIS.

Que votre fils déclare à ces gens avec lesquels il est aux prises : « Partagez-vous ce que j'ai. Ne me réclamez pas ce que je n'ai point !... » Qu'il leur dise : « Renoncez surtout à faire chanter la grand'mère : c'est une créature féroce, qui n'a pas d'entrailles... pour mes créanciers ! C'est un esprit absurde et buté, qui, sous l'action déjà d'un gendre, a vu les capitaux fondre comme neige au soleil !... C'est une vieille bête... »

MARAVON.

Madame Fontenais !...

MADAME FONTENAIS.

Si ! si !... Qu'il leur dise que je suis une vieille bête, qui ai mes façons pour comprendre les sentiments, et imagine être liée par un simple serment que j'ai fait au lit de mort de mon mari !

MARAVON.

Permettez-moi...

MADAME FONTENAIS.

Non, Maravon, j'ai assez discuté, jusqu'à une heure du matin, avec votre fils et mes deux furies. Je ne suis là que pour reprendre mon ouvrage, qui était resté sur le terrain de bataille. Vous n'aviez, vous, pour but, que de vous entretenir avec votre fils ; j'entends que, du côté de son appartement, l'on arrive. Je me dérobe. *(Madame Fontenais sort.)*

SCÈNE IV

MARAVON, DIDIER.

MARAVON.

Bonjour, mon cher Didier !

DIDIER.

Pardonne-moi de t'avoir fait attendre, je ne sais plus où j'en suis !... D'abord, ce qui domine tout, c'est que Marie-Jeanne, il y a quelques heures, m'a donné les plus atroces inquiétudes.

MARAVON.

Comment cela ? Madame Fontenais, qui m'a reçu, n'a fait aucune allusion à ce sujet.

DIDIER.

Elle est sûrement dans l'ignorance. Nous voici divisés dans cette maison en deux camps, qui ne communiquent point... Depuis le temps que Marie-Jeanne a été appelée à partager mes transes, tu sais qu'elle dépérit. Dès la dernière quinzaine, elle a commencé à m'inspirer des craintes, par des lividités ou de brusques rougeurs qui lui montent au visage, pour un mot plus haut que l'autre, pour un craquement de boiserie... Or, la dernière soirée ayant été très orageuse, quand la grand'mère eut rompu avec nous, battu la porte et regagné sa chambre, Marie-Jeanne, qui s'était exaspérée dans la querelle, a tout d'un coup défailli. Elle est tombée dans mes bras, à la renverse.

MARAVON.

Oh! là!

DIDIER.

Portée sur son lit, elle y est demeurée absolument évanouie pendant un grand quart d'heure. Il était si tard que nous n'avions plus là de domestique. J'ai dû laisser ma femme aux soins de sa mère, et courir moi-même chercher le médecin de la famille.

MARAVON.

Quel a été son avis?

DIDIER.

Madame Revel et moi, nous l'avons harcelé pour lui faire dire que ce ne serait rien. Il ne l'a pas dit! Il a promis de se prononcer, ce matin. Il a employé cette phrase : « C'est une lame qui use son fourreau. » Il nous a aussi posé diverses questions, comme s'il appréhendait que la raison de Marie-Jeanne pût être compromise. Il a observé que l'expression des yeux dénotait le travail intérieur d'une idée fixe. « C'est ce souci-là, répétait le médecin, qu'il serait urgent d'extirper. » Ma belle-mère et moi, nous écoutions, consternés, nous nous regardions désespérément. Comment faire? Nous ne pouvions pas

compter sur un miracle… Et pourtant, le miracle s'est
produit!

MARAVON.

Que veux-tu dire?

DIDIER.

Nous avons veillé Marie-Jeanne jusqu'au petit jour. A
ce moment, ma belle-mère se retira pour prendre un peu
de repos… Vers huit heures et demie, lorsque mon
mon courrier venait, de mon côté, de m'être remis, madame Revel rentra soudain auprès de sa fille. Elle était
visiblement émue. Elle enlaça ma femme et lui dit, d'une
voix entrecoupée : « Sois heureuse! Ne te fais plus de
mal! tout s'arrange. Didier aura l'argent de son concordat. » Cette locution de droit, faite pour la bouche des
juges-commissaires et pour l'oreille des syndics, voici des
jours et des jours que ma pauvre chère femme l'articule
et l'écoute comme un mot d'amour. En entendant cela,
elle s'était transfigurée. Elle aspirait, et j'aspirais aussi, à
en apprendre davantage. Mais ma belle-mère nous a opposé une mystérieuse discrétion. Toutefois, elle n'a pas
nié, elle n'a pas haussé les épaules, quand Marie-Jeanne
se fut écriée joyeusement : « Vous avez reçu la réponse
de Monsieur Stangy! Ah! vous voyez que mon idée était
bonne! Que je m'en félicite! que je suis contente!… »
Madame Revel, qui ne consentait pas à s'expliquer, s'est
libérée des étreintes de sa fille par cette phrase magique :
« Laisse, que j'aille chercher nos cent mille francs! » Et
là-dessus elle est sortie depuis près de deux heures.

Tu devines avec quelle impatience nous attendons son retour !

LA FEMME DE CHAMBRE, *entrant.*

Monsieur le docteur est là.

DIDIER.

Faites-le entrer chez ma femme. J'y vais. *(La femme de chambre sort.)* Tu m'excuses ?

MARAVON.

J'attends l'avis qu'il va formuler. *(Didier sort.)*

SCÈNE V

MARAVON, SABINE. *Elle entre, ayant un air égaré,
en tenue de ville, avec son chapeau, ses gants.*

MARAVON.

Ah ! chère amie, j'ai hâte que vous me confirmiez ce que Didier vient de m'annoncer.

SABINE.

Quoi ?... Que vous a-t-il annoncé ?

MARAVON.

Vous l'aviez réduit aux hypothèses. Mais j'ai admis, comme nos enfants, que vous eussiez reçu d'Amérique la réponse en retard depuis deux mois.

SABINE.

Stangy ne m'a pas répondu.

MARAVON.

Alors quel est l'événement nouveau qui est inter-
venu ?

SABINE.

Tout en est au même point. Rien n'est changé.

MARAVON.

Qu'est-ce que tout cela signifie ? Pour quel motif avez-
vous cette mine défaite ?... D'où venez-vous, dans cet
état ?

SABINE.

N'abusez pas du trouble où vous me voyez. Ne m'in-
terrogez pas. Laissez-moi me remettre, me taire... *(Elle
se laisse tomber sur un siège, d'où elle se relève vivement.)* Non !
Étourdissez-moi, plutôt ! Causons. Puisque vous avez vu
Didier, vous savez le dernier refus de ma mère ?

MARAVON.

Je le sais.

SABINE.

A ce propos, j'ai quelque chose que je ne suis pas fâ-
chée d'avoir à vous dire, oui, à vous !... Au cours de
l'implacable querelle où, il y a quelques heures, nous
ressemblions ici à une famille d'Atrides, j'ai entendu bour-
donner en moi, sous un effet de vertige, une conversation que nous eûmes jadis ensemble dans ce même salon.

Vous prétendiez alors que les principes de la nature imposaient aux parents, bon gré, mal gré, de se dépouiller eux-mêmes, en faveur des enfants. Or, tandis que je vous réentendais, je voyais ma fille haleter en joignant ses mains suppliantes, je voyais maman froncer les sourcils, mordre sa lèvre, et faire non, toujours non... Ha! ha! ha! il y avait loin entre vos théories et l'application!

MARAVON.

Je ne défends pas madame Fontenais. Je ne l'attaque pas non plus. Je vous réponds seulement qu'elle est vieille, qu'à son âge de femme chez qui les sources de maternité sont taries, elle est « déshumanisée... » Chez les vieillards, il s'établit, en quelque sorte, un silence progressif des voix de la nature... Ne condamnez pas madame Fontenais, comprenez-la!

SABINE.

Comme cela, votre philosophie est imperturbable! Vous vous expliquez tout tranquillement, vous, qu'une grand'mère s'en tienne envers sa petite-fille à cette aumône du pain et du gîte que l'on fait au chemineau, qui vient d'on ne sait où, et qu'on ne reverra plus.

MARAVON.

Les vieilles gens, je vous le répète, sont d'ordinaire ainsi faits. Ces têtes sur lesquelles il a neigé, ces forces gelées sont les glaciers avares, les centres d'économie d'où l'argent ne s'échappe qu'en minces filets, comme

la répartition de l'eau par les montagnes. Vous ne pouvez
pas changer cet ordre fondamental des choses.

SABINE.

Alors, pourquoi maintient-on la jouissance de tous
leurs droits humains aux êtres qui n'ont plus toute leur
part des sentiments humains?... Est-ce qu'en bonne justice l'inhumanité sénile de ma mère ne devrait pas m'au-
toriser à la faire interdire, à la déposséder, à prendre sa
place dans ses biens dont je ferais un salutaire usage?
N'est-ce pas monstrueux que l'essor de jeunes exis-
tences soit captif de cette volonté qui touche à son
terme, et que leur avenir palpitant agonise dans ces
vieilles mains déjà presque froides?... Dites que c'est in-
tolérable! Dites que contre cela tout est permis!...
Dites! Dites donc!

MARAVON.

Mon amie, ma pauvre amie! vous m'imputiez d'avoir
été mauvais prophète le jour où je vous disais que la
piété filiale ne résiste pas à l'épreuve. Et aujourd'hui que
le destin vous éprouve, votre âme civilisée redescend
soudain au niveau des Peaux-Rouges. Je vous entends
parler des vieilles mains de votre mère avec le même esprit qu'on a chez ceux qui font monter à l'arbre le chef
de famille, et le secouent pour voir s'il se cramponne
encore ou s'il n'y a plus qu'à l'abattre!

SABINE.

Non, ne me faites pas croire que j'envisage l'idée de

la mort de maman... Oh! non!... C'est un malheur auquel je ne suis pas préparée!... Je n'en suis pas là!

MARAVON.

Si vous n'en êtes pas là, où en êtes vous déjà?

SABINE.

Plait-il? Votre ton est singulier... Pourquoi sondez-vous mes yeux, de la sorte? Ce n'est pas la peine de me demander ce que j'ai fait, si vous le devinez!

MARAVON.

Je ne devine pas... je...

SABINE.

Allons donc, vous lisez en moi! Vous venez de me traiter de sauvage. Qu'est-ce que font les sauvages, quand le besoin commande et que la chose est à leur portée?... Eh bien! oui! j'avais cru que ma fille rendait son dernier souffle. J'avais aidé à transporter son corps qui ne pèse plus que la moitié de lui-même. Je l'avais vue sur ses oreillers tomber et retomber en faiblesse... Alors, quand le seul remède que m'indiquât le médecin, je ne pouvais, au monde, le trouver que dans le tiroir aux valeurs de ma mère...

MARAVON.

Vous avez?

SABINE.

Oui, j'ai!

MARAVON.

Oh !

SABINE.

Vous, dont le cœur depuis tant de jours bat, pour nos petits, à l'unisson du mien, croyez que si je me suis retenue jusqu'ici d'épancher ce qui m'étouffe, ce n'est pas que j'aie honte de mon acte : je ne m'en veux que d'y avoir échoué.

MARAVON.

Qu'avez-vous fait ! Qu'avez-vous fait !

SABINE.

Je vais vous le dire, je vous dirai tout. Ecoutez... Je n'avais pas ruminé la chose : je n'y avais jamais songé avant cette nuit... Tout d'un coup, l'idée m'est apparue au chevet de Marie-Jeanne... Il était quatre heures du matin. Ma résolution a été instantanément prise. J'ai quitté le siège où je veillais... J'ai passé par ici, je suis entrée là... Maman a poussé un cri. Ce n'était rien, elle rêvait... J'atteignis à tâtons jusqu'à la fenêtre... j'entrebaillai le rideau de quoi faire filtrer une mince lueur d'aurore... Et maintenant à l'œuvre ! Si maman se réveille, si elle m'interrompt, si elle appelle, j'aurai encore plus de voix qu'elle pour faire : « Chut ! c'est moi !... oui, c'est moi, qui ne veux pas que ma fille devienne folle ou qu'elle meure ! » J'avais pris le trousseau de clefs sur le marbre de la commode. J'ai ouvert l'armoire... J'allais et je venais, à

pas de loup, entre la cachette des valeurs et le filet de
lumière sous lequel je débrouillais mon choix. Et, tout le
temps, maman parlait d'une voix rauque, excitée par le
cauchemar. Quelquefois, elle fit : « Ah! ah! » si forte-
ment que je crus l'avoir éveillée. Non, elle dormait!...
Je vous fais horreur?

MARAVON.

Je ne peux définir ce que je ressens... Je ne vous juge
pas en cette minute : je vous suis. Allez jusqu'au bout!

SABINE.

Quand j'eus regagné ma chambre, je tenais trois titres
nominatifs de cent obligations. C'était au delà de ce qu'il
me fallait. Quant à transformer ce papier en argent, je
savais comment cela se pratique. J'avais, à maintes reprises,
accompagné ma mère chez son agent de change. J'avais
appris ainsi les termes sacramentels : demander la conver-
sion, dater, signer... Pendant plusieurs heures, sur des
brouillons, avec un modèle, je m'exerçai à la simulation...
Quand j'en fus à réaliser définitivement le triple faux sur les
feuilles timbrées, je puis dire que je touchais, ma parole!
à la perfection. Il allait s'agir maintenant de savoir se
présenter chez l'agent, lui faire front, lui imposer. Certes,
il me connaît de longue date. Il a été un camarade de
mon père. Vous avez quelquefois dîné avec lui chez
nous. Je devais être reçue avec confiance et obligeance.
Je le fus, en effet... En arrivant là-bas, j'ai déclaré que
ma mère était souffrante, ce qui n'étonna pas un habitué
de notre maison. J'exposai qu'il y avait urgence à régler

la liquidation de mon gendre, dont la déconfiture était connue. Puisque j'apportais de quoi faire les fonds, j'ai prié qu'on me les avançât immédiatement, comme cela se pratique envers les vieux clients et les bons amis.

MARAVON.

Mais ce n'était plus votre mère que vous alliez voler! C'était l'officier ministériel responsable de sa légèreté!

SABINE.

Ah!... Je n'ai pas réfléchi à cela. Et d'ailleurs, devant le fait accompli, ma mère n'aurait plus eu qu'à payer, n'étant pas de taille tout de même à me faire condamner au bagne... Vous m'avez interrompue... Où en étais-je?... Ah! c'est cela : L'agent de change, très cordialement, m'avait fait asseoir dans son bureau. Il s'était assuré que la caisse était assez munie pour me verser les cent mille francs que je demandais. Pendant qu'il examinait les titres, un commis apporta la liasse des billets de banque, avec le reçu tout préparé. Puis, l'agent et moi, nous nous retrouvâmes seuls... à bavarder. Il se mit à compter les billets lentement; et je les entendais, un à un, être à moi, être à nous, s'empiler pour fournir à ma fille la rançon de sa vie et de sa santé... Dans un instant, j'allais les emporter. Avant ce soir, ils seraient distribués par les soins de votre fils, ils auraient disparu... Et le jour où éclateraient les explications, alors, on s'expliquerait; on me trouverait là pour répondre de ma conduite. Les titres maudits, sur le coin de la table, ne cessaient pourtant de me tirer l'œil... Pourvu que l'autre ne s'avisât pas de les scruter une dernière fois ! Mais quand même il aurait été pris d'un impossible soupçon, quand même la façon dont signe ma mère eût été gravée dans sa mémoire, je revoyais avec quelle exactitude, après mille expériences, j'avais perlé chaque lettre du nom et festonné le paraphe. « Votre compte y est bien », me dit l'agent en me tendant la somme contre le reçu, que je signai... J'étais debout, j'avais caché ma proie dans mon corsage, j'ouvrais la porte, quand une exclamation me cloua sur place : « S'il vous plaît, chère madame ! Vous avez fait une erreur : vous signez votre reçu du nom de votre mère ! » Oui ! je m'étais si bien assimilé la main de maman, par mes pratiques obstinées, que sa griffe ordinaire s'était diaboliquement incrustée au bout de mes doigts ! Et moi, Sabine Revel, sous l'obsession, par un machinal accomplissement, je venais de signer : veuve Fontenais !... Déjà mon interlocuteur comparait l'autographe qu'il m'avait vu faire à ceux que je lui avais remis tout fabriqués. Sa physionomie fut expressive : j'étais prise. Je me jetai aux genoux de cet homme, dans la démence d'implorer qu'il ne me reprît pas l'argent que j'avais gagné !... Hélas ! quels instants ! Le plus dur ne fut pas d'avouer, ce fut de restituer... Mes sanglots rencontrèrent chez ce vieil ami de ma famille la sorte de compassion qui m'importait le moins : il m'octroya le délai que j'estimerais convenable pour obtenir l'absolution de ma mère, et, se chargeant de rapporter les valeurs lui-même, il ne devancera pas mon avertissement... Je sortis de là, ivre d'humiliation, folle d'impuissance, telle enfin que vous me voyez revenue ici. Voilà !

MARAVON.

Voilà!... oui. Voilà!... Vous n'attendez pas que j'approuve cet acte... énorme. Et pour le réprouver, le langage de la morale courante me paraît mesquin... La révolution qui s'est faite dans votre conscience est certainement criminelle. Mais, quand il y a crime révolutionnaire, le bien, le mal sont quelque peu bousculés de leur place de tous les jours!... Je ne me placerai qu'au point de vue pratique. Pourquoi n'avez-vous pas couru votre aventure sans souffler mot à votre fille? Qu'est-ce qui a pu vous pousser à lui faire miroiter un argent que vous n'aviez pas, que vous deviez finalement ne pas rapporter?

SABINE.

Vous parlez comme à quelqu'un qui aurait eu son sang-froid!... Comprenez donc qu'au moment de quitter ces murs amis par qui, toute coupable que je pusse être, je me sentais protégée, comprenez donc qu'à ce moment-là je défaillais! J'ai cherché le cordial qui affermît ma volonté, ma voix, mon geste. J'étais persuadé de réussir, si je ne tremblais pas, si je ne balbutiais point. Pour chauffer à blanc mon courage, j'ai allumé, j'ai attisé celui de Marie-Jeanne. En la galvanisant, en tirant de ses yeux une étincelle de foi et de joie, je cédais au besoin de m'électriser par elle d'une audace qui ne fût plus capable de reculer.

MARAVON.

Et maintenant, après lui avoir donné de vaines espérances, à une heure où ses sensibilités commandent des

ménagements exceptionnels, vous allez l'en précipiter?...
dangereusement...

SABINE.

Ah! vous voyez bien que je retarde l'affreux instant de
reparaître devant elle!... Il faut à tout prix que je prolonge
son état d'illusion et celui de votre fils, dont la droiture
ou la tristesse protesterait peut-être, si je ne l'abusais
également. Mes mensonges le berceront sans lui nuire.
Veuillez donc bien ne pas me démentir auprès de lui.

MARAVON.

J'ai votre secret, comme un confesseur.

SABINE.

Oh! oui, je vais mentir, mentir éperdument! Mais hors
de votre présence, qui me glacerait pour inventer et dé-
biter des histoires dont vous sauriez le néant... N'entrez
pas chez Marie-Jeanne avec moi. Et même si elle se sen-
tait assez bien, elle pourrait venir ici d'un moment à
l'autre. Je vous demande instamment de vous en aller...

MARAVON.

Permettez-moi d'attendre seulement le résultat de la
visite du médecin.

SABINE.

Comment! il est là? Je suis rentrée avec ma clef. Je
n'ai vu que vous, qui ne m'en avez rien dit!

MARAVON.

J'ai eu de quoi perdre le fil de mes idées.

6

SCÈNE VI

LES MÊMES, LE DOCTEUR, DIDIER.

DIDIER, *sur le seuil, au docteur.*

Ah! ma belle-mère est de retour!

SABINE.

Parlez, docteur. Comment avez-vous trouvé ma fille?

LE DOCTEUR.

Je suis à vous, chère madame. *(A Didier.)* Vous ne m'entendriez ici que me répéter. Rejoignez donc votre femme pour qu'elle n'ait pas l'impression que sa santé donne lieu à des conciliabules interminables. Dans la fébrilité où elle est, cela ne lui vaudrait rien.

DIDIER.

Je vous obéis. *(A Sabine.)* Puis-je lui rapporter que tout va bien?

SABINE.

Ah! oui... Certainement... A tout à l'heure! *(Didier sort.)*

SCÈNE VII

SABINE, MARAVON, LE DOCTEUR.

SABINE, *au docteur*.

Eh bien?

LE DOCTEUR.

Eh bien! nous avons affaire à une sorte d'épuisement du système nerveux, comme en amènent les crises de l'âme, les passions tristes... Cet évanouissement dont vous avez eu à relever votre fille, ces vertiges dont elle se plaint, ce visage qui se creuse tandis que les pommettes se colorent, ce sont les premiers avertissements d'une consomption.

SABINE.

Mon Dieu! mon Dieu!

LE DOCTEUR.

Votre fille a pour elle la jeunesse. Et sa constitution est pleine encore de ressources. Nous allons tâcher de la rétablir!... Où puis-je rédiger mon ordonnance?

SABINE.

Mettez-vous là, réfléchissez-bien. Combinez tout ce que la science peut faire.

LE DOCTEUR, *installé à une table.*

J'ai peu de médicaments à prescrire. Ce que je tiens pour efficace, pour nécessaire, c'est une cure d'air prolongée, dans un de ces climats très âpres qui fouettent les tempéraments : par exemple, celui de la Maloja, en Engadine... Nous sommes à la mi-juin. Jusqu'à la fin d'août, c'est-à-dire avant que les neiges arrivent là-bas, la malade peut avoir devant elle deux mois et demi de bonne action tonique, si l'on ne perd pas un jour pour la transplanter.

SABINE.

Il faut le temps des préparatifs.

LE DOCTEUR.

Abrégez-les. Dépaysez brusquement votre fille.

SABINE.

C'est bien. Elle sera demain en route.

MARAVON, *à Sabine.*

Ayez bon espoir, chère amie, bon courage. Moi je vous délivre de ma présence. Selon votre désir, je m'éloigne provisoirement.

SABINE, *le reconduisant.*

Oui, c'est cela, vous reviendrez plus tard.

LE DOCTEUR, *de la table où il écrit.*

Et cette bonne madame Fontenais, se porte-t-elle bien pour le moment ?

SABINE.

Assez bien, oui. *(A Maravon.)* Au fait ! vous m'épargne-
riez un contact auquel vous sentez que je ne suis pas
prête, si, en vous en allant, vous passiez par chez ma
mère. Vous la préviendriez de ce départ immédiat et des
raisons qui l'imposent.

MARAVON.

Tout à votre service ! Comptez-vous accompagner les
enfants ?

SABINE.

Je n'ai pas songé à quitter ma fille. *(Maravon sort.)*

SCÈNE VIII

SABINE, LE DOCTEUR.

LE DOCTEUR.

Voici les instructions auxquelles se borne mon pouvoir.
Mais je ne saurais trop vous le répéter : Dans cette espèce
d'hypocondrie, dans un mal dont les causes sont évidemment morales, ce qui peut surtout agir, c'est un traitement moral. Ingéniez-vous à contenter votre fille : des
cajoleries, des amusettes, toutes les concessions qu'elle
réclamera...

6.

SABINE.

Je ne peux pourtant pas lui décrocher la lune!...
Voyons, dites-moi toute la vérité. Elle est en réel danger,
n'est-ce pas?

LE DOCTEUR, mollement.

Non, non!... Mais je manquerais à mon devoir si je
vous endormais dans une complète quiétude.

SABINE.

Est-ce que je pourrais dormir! Je ne vis plus!... Je ne
suis pas médecin, mais je suis la mère! Quand c'est son
propre enfant qui est en cause, on le voit tout de suite
perdu! Et, comme on est la mère, on sent que c'est impossible! On sent qu'on n'est pas faite pour mettre au
cercueil ce qu'on a mis au monde. On se dit qu'il faut,
d'abord, que l'on ait pris, soi, le temps de mourir, qu'on
soit partie la première, puisque l'on est la mère!

LE DOCTEUR.

Du calme! Nous réussirons, j'espère, à réparer le mal
déjà fait... Écoutez maintenant une autre recommanda-
tion : si madame Fontenais manifestait quelque velléité
d'être du voyage, refusez-vous absolument à l'emmener.

SABINE.

Ah!... Maman?... Pourquoi?

LE DOCTEUR.

J'ai eu, tout récemment, à l'ausculter une fois de plus.

Son cœur n'est pas en assez bon état pour se prêter au service que la raréfaction de l'oxygène exige, à dix-huit cents mètres d'altitude. Là-haut, le muscle travaille quatre fois plus pour fournir aux gens leur ration ordinaire ; ce qui est dangereux dans le cas où les artères n'ont plus assez de souplesse. Ceci n'est pas pour vous alarmer au sujet de madame Fontenais. Elle peut vivre indéfiniment à Paris, dans l'air des plaines. Mais l'exposer au surmenage respiratoire des hautes régions, cela équivaudrait à lui donner un coup de couteau.

SABINE.

C'était important à savoir.

LE DOCTEUR.

Un mot encore : les cardiaques sont très impressionnables. Si madame Fontenais demandait des raisons, ne lui donnez pas la vraie.

SABINE.

J'ai compris.

LE DOCTEUR.

Alors, au revoir, en septembre, à moins que tout aille si bien que vous ne me rappeliez même pas. *(Le docteur sort.)*

SCÈNE IX

SABINE, MADAME FONTENAIS, *venant de sa chambre.*

SABINE.

Vous !

MADAME FONTENAIS.

Oui, moi ! Est-ce que ma présence a quelque chose de surnaturel, dans mon salon ? Croyait-on m'avoir jetée aux chiens ?... Mais je viens, ma fille, pour qu'on oublie les mauvaises paroles qui, naguère, furent échangées entre nous... Je suis très peinée que Marie-Jeanne se soit rendue si malade à cause que sa petite tête ne gouverne pas ma vieille caboche... Certes, je ne me reconnais pas plus responsable de son hystérie que je n'ai voulu me charger des fautes de son Didier. Ne revenons pas là-dessus. Ce que j'avais hâte de te dire, c'est que, bien entendu, pour tous les soins imaginables, les frais de voyage, dépenses de séjour, tu auras eu raison de compter sur moi.

SABINE.

Je vous remercie.

MADAME FONTENAIS.

Tu me boudes? Tu me gardes une grosse rancune? Tu
me flétris peut-être?

SABINE.

Je n'en ai pas le droit.

MADAME FONTENAIS.

Sache pourtant qu'il n'y a que moi qui t'aime!

SABINE.

Ah! si je n'avais pas la tendresse de Marie-Jeanne
pour y appuyer mon cœur, je ne me sentirais guère
aimée.

MADAME FONTENAIS.

Crois-en la clairvoyance qui m'est venue. Moi, je n'ai
que toi. Tu n'as, toi, en vue que ta fille; et ta fille ne
pense qu'à son mari... Ce qu'elle aime le plus sûrement
en toi, c'est la cause commune que tu fais, contre moi,
avec l'homme qu'elle aime. Prends garde au jour où tu
ne serais plus d'accord avec son amour conjugal. Alors,
tu serais définitivement fixée, à ton tour, sur ce que c'est
de n'être que la mère!... Mais j'ai tort de remâcher mes
amertumes. Causons de choses pratiques: aurons-nous
assez de la grande malle pour nous deux?

SABINE.

Il n'est pas question, maman, que vous veniez. Vous
n'allez pas faire un déplacement inutile et fatigant. Vous

n'allez pas, pour quelques semaines, bouleverser vos habitudes.

MADAME FONTENAIS.

Rien ne bouleverserait davantage mes habitudes que de
me séparer de toi.

SABINE.

Ce serait folie que de vous imposer la corvée d'un
long trajet en chemin de fer, et de rouler ensuite, pendant dix ou douze heures en chaise de poste. Votre
caractère, votre âge, ne sont plus faits pour courir les
Alpes ni camper dans le hasard des hôtels.

MADAME FONTENAIS.

Si je ne suis plus jeune, en effet, si j'ai parfois des
avertissements que la fin n'est plus très éloignée, ce sont
là des motifs pour que tu ne me confies pas, durant trois
mois, à la garde d'une femme de chambre. Puisque déjà
je n'ai plus si longtemps à te voir, je m'attache à tes pas.
Tu ne t'en iras point sans que je te suive.

SABINE.

Vous m'obligez, maman, à vous déclarer que je ne
veux pas de vous.

MADAME FONTENAIS.

Ah bah!

SABINE.

Entendez-moi bien : j'ai la mission de consacrer au rétablissement de Marie-Jeanne toutes mes minutes, toutes mes pensées. J'ai besoin de lui appartenir tout entière, de n'être détournée d'elle par aucune considération. Et puis, si le climat ne réussissait pas à la petite, s'il y avait lieu de la ramener hâtivement, ou nous déplacer d'une résidence à une autre, je ne saurais ni vous faire ainsi aller et venir, ni vous assurer les ménagements et aises qui vous sont dus.

MADAME FONTENAIS.

Bref, tu me considères comme un colis gênant !

SABINE.

Vous vous formalisez ; C'est injuste. Je suis guidée avant tout, dans ce que je vous exprime, par l'idée de votre bien-être... de votre bien...

MADAME FONTENAIS.

Allons donc ! Tu me punis. Tu me bannis de ta présence. Tu as arrangé que toi, ta fille et ton gendre, vous ne soyez là-bas qu'entre vous, les trois têtes dans le même bonnet, loin de la vieille, qu'on maudit quand elle ne paie point, et dont on ne s'encombre pas quand elle paie !... Eh bien ! les égards dont on me prive, c'est donc à moi de me les assurer. Et, puisque je tiens les cordons de la bourse, je décide qu'on ne me laissera pas seule. Ta fille a, pour l'accompagner, son mari qui ne saurait rien faire de mieux actuellement que de s'employer à la remettre et à la distraire. Nous leur adjoindrons, s'il te plaît, l'assistance d'une religieuse. Ce n'est pas inhumain

de faire voyager de la sorte une jeune femme de vingt
et un ans, qui s'est trop excité les nerfs. Mais si tu pars,
je partirai. Si je demeure ici, tu ne t'en iras pas !

SABINE.

Oh ! n'exercez pas sur moi la pression de ma pau-
vreté !...

SCÈNE X

SABINE, MADAME FONTENAIS, DIDIER.

DIDIER, *apportant des coussins.*

On va faire la chambre de Marie-Jeanne. Je viens lui
préparer une petite installation.

SABINE,

Elle est déjà levée ?... Elle va être ici ?

DIDIER.

Dans un instant.

MADAME FONTENAIS.

Délibérez ensemble. Examine avec elle si vous préférez
m'emmener, ou que je te garde.

SABINE.

Maman, je vous en prie !...

MADAME FONTENAIS.

Je ne subviendrai au nécessaire que dans l'un ou l'autre de ces deux cas.

SABINE, *à elle-même.*

Il faudra donc que je reste ! *(Madame Fontenais sort.)*

SCÈNE XI

SABINE, DIDIER, MARIE-JEANNE.

DIDIER, *allant au-devant de sa femme.*

Attends-moi !... Tu es si faible !

MARIE-JEANNE, *à Sabine.*

Mère, vous avez les cent mille francs pour Didier ?

SABINE.

Assieds-toi là !... Étends-toi...

MARIE-JEANNE.

Vous avez les cent mille francs ?

SABINE.

Je t'avais dit seulement que la somme m'était annoncée...

MARIE-JEANNE.

Par monsieur Stangy ?

SABINE.

Sans doute... Mais elle n'est pas encore arrivée...

MARIE-JEANNE, *avec un geste éperdu.*

Oh !

SABINE.

Ça ne veut pas dire qu'elle n'arrivera pas... C'est un retard...

MARIE-JEANNE.

Voici l'heure où nos créanciers vont se réunir. Comment traiteront-ils ce malheureux, s'il ne leur apporte rien ?

DIDIER.

Pardon! Si je leur apporte la nouvelle d'un règlement très prochain, cela peut suffire pour qu'ils me signent aujourd'hui l'acte de ma délivrance. Qu'est-ce que ça leur fera, puisque ce traité serait nul et déchiré si je ne l'exécutais pas à la date que nous aurions convenue.

SABINE, *à Marie-Jeanne.*

Tu entends? Ton mari ne se démonte pas comme toi. Il est plus compétent que nous dans ses propres affaires.

DIDIER.

J'aurais toutefois besoin que vous me précisiez un peu les motifs que vous avez de me promettre le subside.

SABINE.

Évidemment... Parfaitement...

MARIE-JEANNE.

La lettre que vous avez reçue de monsieur Stangy est-elle si confidentielle que vous n'en puissiez donner communication à Didier?

SABINE.

Je n'ai eu qu'une dépêche… que j'ai laissée chez ces messieurs de la banque, où elle m'a servi à me présenter… Voyons, n'écarquille pas les yeux : c'est une banque que tout le monde connaît, c'est… le Crédit Lyonnais. *(A Didier.)* Vous savez bien que j'ai couru dehors assez longtemps ce matin? *(A Marie-Jeanne.)* Tiens, mon chapeau, mes gants sont encore là!… Tandis que tu étais malade, que le retour du médecin était imminent, quelle raison aurais-je eue de m'absenter, si ça n'avait été pour en finir avec ce qui t'absorbe?… Quand je suis sortie, je te le jure, j'étais fondée à croire que je rentrerais avec le butin que je t'avais promis, oui, cela, je te le jure sur ta vie!… La dépêche me prévenait qu'un compte m'était ouvert. Mais par un contre-temps, la banque, elle, n'avait pas encore l'avis de son correspondant. Toutefois on y connaît bien le nom de Stangy. La preuve, c'est qu'on m'y a dit que toutes ses affaires pour l'Europe passaient là, et que c'était fréquent qu'un télégramme de lui parvînt un peu trop tôt… J'ai laissé mon adresse. On m'avertira dès que les choses seront en ordre. Je ne peux tout de même rien vous raconter de plus! Qu'exigez-vous encore?

DIDIER.

Oh! je me déclare satisfait. Vous pensez bien que nous ne mettons pas votre parole en doute.

SABINE, *à Didier.*

Par conséquent, partez tranquille. Moi, je suivrai, pas à
pas, la marche de la question. *(A Marie-Jeanne.)* Et tu en
seras, chaque jour, entretenue, dans mon courrier...

MARIE-JEANNE.

Comment?... Vous ne viendrez pas avec moi?

SABINE.

Ta grand'mère me retient.

MARIE-JEANNE.

Ne me faites pas cela! Ne me privez pas de la douceur
que vous soyez là. Vous savez bien que je redeviens
votre toute petite dès que j'ai un bobo!...

SABINE.

Supposes-tu que, si j'étais libre, mon plus ardent désir
ne serait pas de t'accompagner? Mais c'est à elle que
maman m'impose de tenir compagnie!

MARIE-JEANNE.

Pourquoi ne pas l'emmener?

SABINE.

Oh! non! c'est impossible!

MARIE-JEANNE.

C'est encore plus impossible que vous vous sépariez
de moi! Tenez, petite mère, tâtez mes mains : rien que

d'être contrariée, à l'idée seulement de ne pas vous avoir
près de moi, sentez-vous comme elles sont en sueur?

SABINE.

Au nom du ciel, Marie-Jeanne, ne sois pas si sensible!
Tu me ferais perdre la raison!

MARIE-JEANNE.

Emmenez grand'mère. C'est la façon d'arranger toute
chose.

SABINE.

Non! non! N'insiste pas.

DIDIER, *à Sabine*.

L'heure de ma convocation me presse... Quelle
échéance puis-je prendre avec mes créanciers? Faut-il
leur dire un mois?

SABINE.

Oh! pas si vite!... Donnez-vous plus de latitude! Que
la question de paiement ne talonne point ma fille pendant sa cure!

DIDIER.

Soit!... Je vais demander trois mois... Et c'est vous,
n'est-ce pas? qui vous chargez que je sois alors en mesure.

SABINE.

Naturellement... Certainement...

DIDIER.

Sinon, je m'exposerais à être dorénavant traité en sauteur, ayant abusé du droit de sauter. On me traquerait sans miséricorde. On me couperait peut-être, à tout jamais, la route de ma réhabilitation.

SABINE, *troublée*.

Ah?

MARIE-JEANNE.

Oh! maintenant que je considère Didier comme tiré des griffes de ces méchants, s'il y devait retomber, j'en mourrais!

SABINE, *avec angoisse*.

Veux-tu ne pas prononcer des mots pareils!

DIDIER.

L'engagement que je vais prendre est donc pour moi d'une gravité suprême. Si vous aviez l'ombre d'une incertitude, il ne faudrait pas me laisser m'engager à fond. *(Silence de Sabine.)*

MARIE-JEANNE, *se redressant, oppressée*.

Mère, vous ne répondez pas?

SABINE.

Mais si!... Ne monte pas sur tes grands chevaux!... C'est le ton de Didier, tu comprends, qui m'a un peu interloquée...

MARIE-JEANNE, *retombant en faiblesse*.

Ah!

SABINE, *affolée.*

Allons! bon Dieu! Ne recommence pas à te pàmer!... Là! Là! Où sont les sels!... Respire! mon enfant!... Respire! *(A Didier.)* Regardez que, pour un rien, elle a repris sa pàleur de trépassée!... Il me semble que je la vois morte!... Ah! non! tu ne mourras pas!... Toute la terre périrait plutôt avant que je te laisse mourir!... Marie-Jeanne, m'entends-tu?... Elle a ouvert les yeux... Ma fille chérie, écoute ce que je dis à Didier. *(A celui-ci :)* Allez, mon ami, accomplissez hardiment la démarche qui ravivera ce pauvre petit corps. Je prends sur moi toutes les responsabilités du pacte que vous allez signer. Autant qu'il est au pouvoir humain qu'une parole soit tenue, je vous engage la mienne, sur mon salut éternel. *(Didier sort.)*

SCÈNE XII

SABINE, MARIE-JEANNE, MADAME FONTENAIS.

MADAME FONTENAIS, *revenant de sa chambre.*

Eh bien?... Où en es-tu, entre ta mère et ta fille? Suis-je du voyage?

SABINE.

Oui.

ACTE IV

Une terrasse devant un petit chalet, au col de la Maloja. On aperçoit
le « Palace », le lac, la vallée de l'Inn et ses montagnes. Sièges, table,
tente-abri.

SCÈNE PREMIÈRE

La Femme de chambre, STANGY, *puis* MADAME
FONTENAIS. (*Au moment où Stangy entre, la femme de
chambre débarrasse une petite table d'un plateau.*)

STANGY.

C'est bien dans ce chalet qu'on a logé madame Revel?

LA FEMME DE CHAMBRE.

Oui monsieur.

STANGY, *apercevant madame Fontenais, qui rentre de promenade.*

Vous ne me reconnaissez pas, madame?

MADAME FONTENAIS.

Monsieur Stangy!... (*La femme de chambre est rentrée dans le
chalet.*)

STANGY.

J'habite au Palace depuis quelque temps. Hier, à la
chute du jour, quand votre landau a passé, il m'avait
bien semblé que c'était vous qui arriviez avec votre
famille. J'en eus confirmation dans la soirée, en allant
voir quels noms venaient d'être inscrits au bureau de
l'hôtel, dont ceci est une dépendance. J'étais, ce matin,
à me demander si je devais me représenter devant vous
et devant les vôtres, si je n'y ferais pas le fâcheux effet
d'un revenant, quand la poste m'a remis une lettre longue
et importante de madame votre fille...

MADAME FONTENAIS.

Une lettre de ma fille?

STANGY.

Cette lettre, qui m'avait été adressée depuis bien des
semaines, n'était parvenue aux États-Unis qu'après mon
départ. Elle a erré longtemps à ma poursuite. Par les
termes de cette lettre, j'ai été soudain initié aux difficultés pécuniaires qui se sont élevées dans votre entou-
rage.

MADAME FONTENAIS.

Je ne savais pas que Sabine vous eût écrit à ce sujet.
Cela tient sans doute à ce que ces difficultés, dont vous
parlez, ont établi, entre les miens et moi, beaucoup de
silence.

STANGY.

Comme je viens de lire que madame Revel me faisait

l'honneur et l'amitié de compter sur mon aide, j'accours me justifier de ce qu'elle ait eu à l'attendre.

MADAME FONTENAIS.

Ça lui sera bon de causer avec vous qui, de si longue date, avez été pour elle un ami cher et sage... C'est à croire, en effet, que la maladie nerveuse de Marie-Jeanne, que nous sommes venues soigner ici, serait remontée jusqu'à un certain point, en Sabine. Je l'observais ce matin : elle promenait sur ce paysage des yeux véritablement hagards... Que c'est beau pourtant, et d'une beauté réconfortante ! Depuis que je hume cet air pur et frais, l'intensité de ma vie me paraît avoir augmenté. J'en ressens une griserie qui va jusqu'à l'étourdissement... *(Elle chancelle légèrement.)* J'ai sans doute mené trop loin mon excursion au bout du lac. Je rentre me reposer ; et je vous envoie ma fille. *(Madame Fontenais a gagné une porte du chalet.)*

SCÈNE II

STANGY, SABINE, *sortant du chalet par une autre porte.*

SABINE.

Vous ici !... Je me demande si je suis réellement éveillée ?... si votre apparition n'est pas une péripétie d'un songe où je marche ?

STANGY, *gêné*.

C'est bien moi. Votre émotion, je la partage. Puisque vous aurez eu le temps de m'accuser d'une grossière négligence pour votre cri d'appel, permettez, tout d'abord, que je me disculpe.

SABINE.

J'ai entendu votre explication.

STANGY.

Alors, il me reste à vous dire que, pour la coopération dont vous avez besoin, je suis entièrement à vos ordres.

SABINE.

Ah ! que c'est noble à vous !

STANGY.

Ne me remerciez pas. Je n'ai même pas le mérite que votre demande me gêne. Je dispose de beaucoup d'argent, qui n'a pas d'héritier. Et, telle que je vous connais, je ne me flatte pas, d'ailleurs, que mon prêt courra le risque généreux de n'être pas remboursé.

SABINE.

Oh ! si ! vous êtes la générosité même !... Croyez-moi : ce sont les larmes de ma fille, ce sont ses instances qui, seules, m'ont décidée à m'adresser à vous... Ne vous étais-je pas devenue une étrangère ?

STANGY.

On a été de tels amis!

SABINE.

Ah! cela, oui!... Voyez-vous, Stangy, il est évident qu'un fil mystérieux n'avait point cessé de me relier à vous. Car, dans le désespoir que Marie-Jeanne se consumât sous l'adversité subie par son ménage, je n'avais pas craint d'assurer, à elle et à son mari, que vous m'aviez déjà favorablement répondu... Il ne faudra pas que vous les détrompiez!... C'était donc vrai que vous veniez vers moi, quand, à travers d'affreuses ténèbres de mon âme, j'ai eu la divination de le déclarer... Il n'était donc pas Dieu permis que ce ne fût point cela qui vînt!... Grâce à ce que votre affection m'accorde, ma fille est sauvée!... (A part.) Et ce n'est pas tout dire!... Vous arrivez à temps. Ah! vous ne savez pas tout le bien que vous me faites! Il n'y a que moi qui le mesure!

STANGY.

Depuis l'époque déjà lointaine où vous m'avez écrit dans des termes si pressants, qu'est-il advenu des embarras dont vous m'avertissiez?

SABINE.

Le désastre s'est effectué. Mais, par vous, les conséquences en seront vite palliées... Toutefois, pour ces chiffres, ces argents, je vous en prie... causez plutôt avec mon gendre. De pareils sujets me sont si pénibles, entre nous deux, de vous à moi!

STANGY.

Bref, votre gendre est sur le pavé ?

SABINE.

Hélas ! oui. Il a signé l'abandon de tous ses droits sur
son usine.

STANGY.

Il faudrait lui remettre le pied à l'étrier ?

SABINE.

Je ne vous aurais pas exprimé ce surcroît d'exigences.
Que vous êtes bon de devancer ces causes d'anxiétés
futures !

STANGY.

Il me serait doux de vous procurer les soulagements
qui me sont possibles.

SABINE.

Ah ! je vous retrouve à mon égard le Stangy des meil-
leurs jours que j'aie vécus. Vous êtes toujours mon
Stangy !

STANGY.

Vous m'avez écrit que monsieur Didier Maravon était
un très galant homme, un ingénieur de mérite, auquel il
n'a encore manqué que la chance.

SABINE.

Oui. C'est ce que je pense très sincèrement de lui. Si,

par vos conseils au moins, par votre expérience, vous
pouviez l'éclairer sur sa voie ?... D'ailleurs, vous l'avez
aperçu chez moi quand il était jeune homme : il dînait à
la maison le soir où vous êtes parti...

STANGY.

En effet ! Vous n'aurez donc qu'à nous remettre en
rapports.

SABINE.

Je ferai cela sans retard, car, moi, demain matin, j'aurai enlevé d'ici ma mère et je serai bientôt loin.

STANGY.

C'est la rigueur du climat qui vous chasse si vite ?

SABINE.

Oui.

STANGY.

Dame ! ces sautes de vent et de température, trente
degrés au soleil, dix degrés à l'ombre, le thermomètre
au-dessous de zéro la nuit, je comprends que cela effraie
dès l'arrivée, lorsqu'on est responsable d'une personne
d'âge comme madame Fontenais.

SABINE.

Ma fuite va me faire bien rapidement me priver de
vous, dans des circonstances où, pour vous exprimer ma
gratitude, il me faudrait un temps infini !... Ce que vous

étiez dans ma vie, vous m'en avez jadis arraché l'aveu !
Je tremblerais d'oser vous le redire...

STANGY, *douloureusement*.

Sabine !

SABINE.

Oui, je vous ai fait du mal. J'ai pu gâcher tout un
temps de votre existence... Mais, cependant, vous resur-
gissez devant moi avec un rôle si grand, si rédempteur,
que c'est le ciel, il me semble, qui vous envoie pour
que mes fautes et mes malheurs soient terminés. Cette
rencontre n'est-elle pas l'annonce que je puisse encore
avoir du bonheur ?... et peut-être en donner ? N'allez-vous
pas redescendre sur Paris ? Saurez-vous reprendre le
chemin de ma demeure, où n'avait cessé, à mes yeux, de
flotter votre image ?

STANGY.

Je suis venu ici pour... J'y suis retenu... par la santé
de ma femme.

SABINE, *accablée*.

Votre femme !... Oh !

STANGY.

Vous aviez rêvé que j'aurais une solitude d'éternelle
fidélité ?

SABINE.

Oui... Non... Je ne sais pas !

STANGY.

Un an après nos adieux, je me suis marié en Louisiane avec une cousine que, paraît-il, j'y avais : brave créature, simple, ignorante, sauvage... Je m'imaginais que je ne bougerais plus jamais de cette terre de refuge où je revenais employer mes forces d'homme qui, ayant perdu son idéal, obéissant à un instinct d'activité animale, labourera, creusera, aura une compagne, sèmera une descendance !... Mais je n'ai pas réussi à devenir tout à fait la brute que je concevais... Il y a plus de deux années, j'ai eu un enfant. Il y a trois mois, mon enfant est mort. Il a étouffé en tendant vers moi ses tout petits bras. Ce geste d'innocence suppliante et crédule, je le vois toujours comme un remords d'avoir été impuissant à l'exaucer. Depuis lors, ma femme n'a pas voulu rentrer sous le toit maudit, et, moi-même, je ne m'y suis plus supporté. Nous nous sommes exilés... Jadis, pourtant, j'avais assisté, dans le même lieu, à l'agonie de ma mère, puis à celle de mon père ; et mes habitudes avaient su reprendre leur cours à chaque retour du cimetière. Je les aimais bien tous deux, néanmoins, comme les honnêtes gens aiment leurs parents, comme vous aimez votre mère...

SABINE.

Oui.

STANGY.

Comment ai-je été ainsi brisé, anéanti, par la disparition de ce petit être, qui bégayait encore, avec lequel je ne pouvais avoir déjà ni souvenirs communs, ni échange de pensées, ni rien d'autre que de le sentir issu de moi? Quelle misère! Ceux qui nous ont donné la vie, c'est donc à peine si nous nous retournons quand, derrière notre dos, la mort les fauche. Mais quand, en avant de nous, c'est notre enfant qu'elle vient prendre, c'est-à-dire notre propre ouvrage, la création personnelle dans laquelle nous nous mirons, alors notre égoïsme ne se console plus!

SABINE.

Mon ami, je vous plains de tout mon cœur de mère, avec tout ce qu'il y a en moi de tendresse de femme, avec tout ce que j'ai eu d'amour!

STANGY.

Le destin n'aurait-il pas été plus clément s'il n'avait fait adhérer à votre lettre, par une lettre de très loin, et s'il nous avait épargné cette entrevue, où la dissimulation ne me fût pas permise?

SABINE.

Non! Ne regrettez pas cet instant. Depuis quatre années, mes tristesses avaient souvent médité que je sortirais de ce monde sans vous revoir. Je vous ai revu une dernière fois. C'est plus que je n'ai mérité en venant ici. *(Didier se montre au seuil du chalet.)* Voici mon gendre. Je vais vous laisser avec lui, pendant que j'irai m'assurer d'une voiture de départ pour le jour prochain.

SCÈNE III

SABINE, STANGY, DIDIER.

STANGY, *allant au devant de Didier.*

Nous sommes de vieilles connaissances.

DIDIER.

Ah! monsieur! que de fois, depuis quelques jours, Marie-Jeanne et moi, nous avons béni votre nom! Je me félicite de pouvoir vous exprimer de vive voix ma reconnaissance.

STANGY.

Ne parlons pas de cela. C'est déjà de l'histoire ancienne. *(A Sabine.)* N'est-ce pas?

SABINE, *lui serrant la main.*

Merci! *(Elle s'éloigne vers le Palace.)*

SCÈNE IV

STANGY, DIDIER.

STANGY.

Voulez-vous que nous nous entretenions plutôt de vos projets pour l'avenir?

DIDIER.

Je n'en ai pas encore de précis. Je n'ai guère eu la possibilité d'y réfléchir. *(Marie-Jeanne sort du chalet avec un châle sur le bras et un livre à la main.)* Vous permettez que ma femme prenne part à notre conversation?

STANGY.

Comment donc!

SCÈNE V

STANGY, DIDIER, MARIE-JEANNE.

MARIE-JEANNE, *avec élan.*

M. Stangy! Vous nous avez rejoints! Oh! je voudrais savoir vous dire!...

STANGY.

C'est bon, mon enfant, c'est bon! Ne vous agitez pas. Reposez-vous... J'ai appris à traiter les malades de votre espèce en soignant ma femme.

MARIE-JEANNE.

Vous êtes marié... Ah!

DIDIER, *à Marie-Jeanne.*

M. Stangy était assez bienveillant pour s'occuper, à présent, de ce que je vais pouvoir entreprendre de neuf.

STANGY.

Je manque de compétence sur les combinaisons qui se présenteraient, pour vous, à Paris ou en France. Je ne m'entends qu'aux affaires de chez moi... Avez-vous quelques notions d'anglais ?

MARIE-JEANNE.

Il le parle admirablement.

STANGY, *à Didier*.

Une idée, tout à l'heure, m'avait traversé l'esprit; mais, en la fouillant, j'éprouve quelque scrupule à vous la soumettre. Comme je n'envisage pas d'envoyer cette fragile petite personne s'acclimater au Tropique, suis-je autorisé à vous offrir une tentation qui, pour un certain temps, vous ravirait à elle.

MARIE-JEANNE.

Si vous avez en vue une position avantageuse pour Didier, si vous avez un moyen de lui rendre la confiance en son travail, la foi dans la réussite et toute cette fière ardeur qui était ma joie, ah! monsieur, parlez sans hésitation!

STANGY.

Alors, voici : j'ignore quand je retrouverai du goût à retourner au centre de mes entreprises. Elles sont organisées de telle sorte qu'elles marchent actuellement sans moi, avec des contre-maîtres, des régisseurs, un intendant. Mais je suis avisé qu'il me manque par-dessus tout, là-bas, un homme qui joindrait à des capacités techniques, la plus attentive probité : tel que vous m'êtes recommandé par madame Revel, j'ai pensé à vous.

DIDIER.

Monsieur, je reconnais profondément l'excellence de votre intention. Je sais aussi que, toute chance de relèvement, je dois m'empresser de la saisir. Mais, lorsqu'il est question de quitter ma femme, vous comprendrez, vous excuserez...

STANGY.

Si c'est cependant la fortune qui vient à vous, pour dans un laps de temps assez court, ne sauriez-vous, l'un et l'autre, avoir une abnégation semblable à celle des ménages de marins ?... D'ailleurs, après un premier semestre, il vous serait loisible de revenir en vacances, d'interrompre ainsi votre veuvage passager. L'an prochain, j'irais sans doute vous relayer à votre poste. Et puis, après, vous verriez !... Votre chère femme pourrait sans doute, impunément, se mettre à vous faire des visites, plus ou moins longues, de l'autre côté de l'Océan. Quant à la valeur de votre collaboration, je m'en acquitterais, d'abord, par un traitement fixe, qui serait très bien, et par un bel intérêt sur des opérations qui sont considérables. Je vous garantis qu'avec un peu de persévérance, en quelques années, vous serez indépendants, riches ; et, tous deux, vous vous avouerez alors que le résultat valait les efforts sur vous-mêmes qu'il aura pu vous coûter.

DIDIER.

Marie-Jeanne, j'ai à réparer, j'ai à me réhabiliter, j'ai à expier !

MARIE-JEANNE, à Didier.

Accepte ! (A Stangy.) J'accepte pour lui... Nous ne serons jamais quittes envers vous !... C'est dit, n'est-ce pas ? Vous ne vous dédirez pas ?... Nous avons votre parole ?

STANGY.

Oui, ma petite amie.

DIDIER.

Quand auriez-vous besoin que je fusse là-bas ?

STANGY.

Le plus tôt serait le mieux. Je vais vous exposer ce qu'il y a tout de suite à faire... Si vous pouviez vous embarquer à la fin de ce mois ?

DIDIER.

Marie-Jeanne ! M'éloigner de toi, avant ta complète guérison !

MARIE-JEANNE.

Ne t'inquiète pas de moi. Prends avec monsieur Stangy toutes les dispositions qu'il faudra...

STANGY, à Didier.

Nous avons aussi à examiner ensemble de quelle façon

vous tranchez vos attaches avec le passé. Mais n'en re-
battons pas cette jolie tête. Rendons-la à sa lecture, et,
si vous le voulez bien, marchons, avant que la cloche
sonne pour le repas.

DIDIER.

Comme il vous plaira. *(Il met un baiser sur le front de Marie-Jeanne.)*

MARIE-JEANNE.

Va. *(A Stangy.)* A bientôt. *(Stangy et Didier sortent.)*

SCÈNE VI

MARIE-JEANNE, SABINE.

SABINE, *revenant du Palace.*

Tu es dehors?... Tu n'as pas froid?... Ton air est
étrange. Tu souris, et en même temps ton front est grave
et plissé.

MARIE-JEANNE.

Monsieur Stangy, avec la libéralité que vous lui connaissez, se charge de faire une position à Didier. Il a pris
l'engagement de l'enrichir promptement, à condition
que mon mari aille le suppléer en Amérique d'ici huit
jours.

SABINE.

Ah! bah!

MARIE-JEANNE.

Vous êtes bien d'avis que cela ne pouvait se refuser?

SABINE.

Certes! C'est une aubaine inespérée! Didier aurait eu bien de la difficulté dans nos alentours à retrouver un emploi important. Tandis qu'il aura grand bénéfice et l'approbation unanime, en s'imposant, pendant un certain délai, de s'expatrier... Mais toi, ma chérie, es-tu de force à supporter cette séparation?

MARIE-JEANNE.

Moi? Je ne me séparerai pas de Didier.

SABINE.

Que dis-tu?

MARIE-JEANNE.

Je dis que j'accompagnerai mon mari.

SABINE.

C'est de la divagation! Comment! tu n'es pas seulement convalescente, et tu prétendrais te mettre à naviguer par delà les Antilles, vers des côtes où les rayons d'un soleil nouveau minent les plus robustes!... Allons! tu n'y songes pas!

MARIE-JEANNE.

Vous savez bien que ce qui m'a rendue malade, c'est

de voir Didier aux prises avec l'adversité, vaincu, terrassé par le découragement! Je serai guérie quand je le verrai content de lui, entreprenant, prospère... Déjà, rien que de me le représenter ainsi, je vais mieux, je vais bien.

SABINE.

Et moi, avec cette combinaison, qu'est-ce que tu fais de moi?...

MARIE-JEANNE.

Vous ne pouvez pas traîner grand'mère à notre suite, si loin. Vous ne pouvez pas non plus l'abandonner.

SABINE.

Ainsi, ton plan est déjà fait : tu as admis d'aller, dans une semaine, vivre à quinze cents lieues de moi?

MARIE-JEANNE.

Puis-je admettre que ce serait entre mon mari et moi qu'il y aurait quinze cents lieues?

SABINE.

Vous n'êtes forcés ni l'un ni l'autre de quitter Paris. La misère ne vous y serre pas à la gorge, que diable!... Didier cherchera quelque chose d'autre.

MARIE-JEANNE.

Vous avez déclaré vous-même que, dans notre milieu, il ne trouverait qu'à végéter. Vous ne voudriez pas que, lui et moi, nous nous condamnions à la médiocrité, quand un avenir peut-être exceptionnel, incomparable, s'ouvre et brille à nos yeux. Nous sommes au seuil de la jeunesse, nous autres, pleins d'appétit, et l'endroit où l'on nous offre de mettre notre couvert, c'est au pays de la fortune, à la table des millions!

SABINE.

Quelle fougue! et quel sérieux!... Marie-Jeanne, tu t'amuses à m'affoler... N'est-ce pas? tu ne te livres qu'à un jeu féroce?

MARIE-JEANNE.

Je sens, au contraire, tout ce qu'il y a de solennel dans la communication que je vous fais. Petite mère, ce n'est pas sans un déchirement que je vous dirai adieu...

SABINE.

Cela n'arrivera pas! Tu oublies que si Stangy s'est mis à votre service, c'était uniquement par sympathie pour moi. Quand il constatera que son bienfait ne sert qu'à me supplicier, crois-tu qu'il le voudra maintenir?

MARIE-JEANNE.

Vous n'allez pas contrecarrer ce qui est promis? Ah! mère, ne détruisez pas les magnifiques espoirs déjà échafaudés par Didier et moi! ne nous rejetez pas à la dérive!

SABINE.

Sois tranquille! Si bas que je puisse être tombée, je ne recourrai pas à un tiers, entre toi et moi, pour qu'il te fasse la leçon, pour qu'il t'enseigne et t'oblige à m'aimer !

MARIE-JEANNE.

N'ai-je pas le devoir de faire passer en première ligne mon amour pour mon mari ?... Mais si vos reproches et le poids de votre autorité ne m'embarrassaient pas depuis que nous parlons, j'aurais eu déjà le langage, les élans, que peut inspirer la plus sincère affection.

SABINE.

Non ! non ! tu ne m'aimes pas !... L'on n'aime que ce que l'on préfère, puisqu'à l'heure d'opter l'on appartient, corps et âme, à l'être préféré, et que, pour celui-là, l'on marche sur le ventre du reste ! Les gens que l'on n'aime pas, ou que l'on aime un peu, ou que l'on aime bien, ce ne sont que les degrés divers de l'indifférence. Moi, je t'ai préférée à tout... Un homme était là, il y a un instant, par qui j'ai cru jadis que mon cœur avait souffert, par qui je viens de croire à nouveau que je pouvais souffrir encore. Ce n'était pas cela souffrir ! C'est par toi seulement qu'en cette minute je sens jusqu'à quel fond mes racines peuvent descendre dans la douleur !... Marie-Jeanne, si le désespoir m'emporte et m'aveugle, si, malgré l'évidence, il y a encore dans ta chair un petit coin de sensibilité pour moi, oh ! proteste contre mes paroles ! proteste, petite, que tu n'avais pas prévu tant de peine que j'aurais ! Déclare vite que tu ne saurais plus t'arracher de mes bras, ni faire régner entre nous cette immensité d'absence !

MARIE-JEANNE.

Je vous jure, petite mère, que je voudrais pouvoir me couper en deux. Mais, du moins, mon absence ne sera pas éternelle. Je reviendrai, un jour, vous sauter au cou, avec délices !

SABINE.

Oui ! si le chagrin ne m'a pas alors portée en terre.

MARIE-JEANNE.

Ne me tenez pas de ces propos-là, mère ! J'ai des amies que la carrière de leur mari a fait aller en garnison dans le sud de l'Algérie, et dans l'Indo-Chine... Elles auraient donc été réduites à divorcer, si le bonheur et l'intérêt de leur ménage n'avaient point primé toute autre considération chez leur mère, à elles ?

SABINE.

J'ai servi ton ménage au delà de l'imaginable. Je ne conspire pas contre lui. Je demande que tu y sois heureuse, près de moi. Ton bonheur, ta vie courante, les roses revenues à ton teint, je veux, dans la contemplation, en posséder ma part. Je tiens à toi, comme si depuis vingt et un ans que je t'ai mise au monde, nous n'avions cessé de faire corps ensemble ! Ma tendresse t'a donné pour gages les tourments dans lesquels je t'ai enfantée, les mauvais jours et les mauvaises nuits, depuis lors, quand tu fus petite et grande, où tes plaintes faisaient repasser dans mes entrailles les torturants frissons

de ta naissance. Je t'ai donné pour gages les longues années d'un dévouement capable, au besoin, d'aller, — tu
peux m'en croire, — jusqu'aux pires hontes, jusqu'au
dernier des crimes! Mes titres auprès de toi, je ne crains
pas de les mettre en balance avec ceux de monsieur Didier!

MARIE-JEANNE, *se redressant.*

Mère, je vous en prie, n'élevez pas la voix contre lui.
Il est mon mari!

SABINE.

Oui, ton mari! Cela signifie qu'il y a quatre ans il était
encore un passant pour toi, que le caprice des rencontres
fit venir se mettre à ton côté. Le lien, entre vous, il s'est
formé, celui-là, dans le facile plaisir des caresses. Les
gages, qui les a fournis en cette circonstance? sinon toi,
avec ta pureté, tes charmes, et, peut-être, ta dot!

MARIE-JEANNE.

Jusqu'à quelle insinuation allez-vous? C'est la délicatesse de son amour que maintenant vous mettez en doute.
Mère, n'ajoutez pas un mot, cela vaudra mieux pour les
sentiments que je veux vous porter.

SABINE.

Quoi! je devrais me taire tandis que tu t'apprêtes en sa
faveur à me dépouiller de toi!... J'ai bien le droit, pour
ma cause, de te montrer que cet agent de malheur, en

F.

échange de tout ce que tu lui apportais de bon, t'a stupidement conduite aux abois. Ce qu'il a mis dans ta corbeille, ce sont les motifs de larmes, les ravages de ta santé, la tare de la faillite !

MARIE-JEANNE.

C'en est trop ! Qui touche à lui me blesse. Adieu !

SABINE.

Où vas-tu ?

MARIE-JEANNE.

Sur la route, au-devant de mon failli, que je suivrai jusqu'au bout du monde ! *(Marie-Jeanne s'éloigne.)*

SCÈNE VII

SABINE, *seule, appelant sa fille qui disparaît.*

Marie-Jeanne !... Elle n'est plus là !... Elle a commencé de partir pour toujours ! Me voici seule ! *(Se tournant vers le chalet.)* Maman ! Maman !

SCÈNE VIII

SABINE, MADAME FONTENAIS.

MADAME FONTENAIS, *accourant.*

Qu'est-il arrivé ? Tu me fais une peur !

SABINE.

Marie-Jeanne me quitte ! Je ne la verrai bientôt plus. Son mari va me l'emporter, pour courir tous deux la fortune, au pays de Stangy !

MADAME FONTENAIS.

Que me racontes-tu là ?... Un projet en l'air ! une fantaisie qui passera !

SABINE.

Non pas ! Vous partageriez ma certitude si vous aviez vu, si vous aviez entendu Marie-Jeanne dans sa ténacité. Après tant d'autres indications que je ne comptais plus pour elle, quelle preuve dernière et ineffaçable !... Comme elle m'a fait du mal !... Comme j'ai du mal !... Oh ! oh ! oh !

MADAME FONTENAIS.

Ma chère Sabine, ne pleure pas ainsi! *(Les gémissements de Sabine scandent les paroles de madame Fontenais.)* Ah! tes pauvres sanglots agissent bien autrement sur moi que tes colères, contre lesquelles je fus peut-être trop intraitable et dure... Mais que puis-je faire pour te consoler?... Voyons : j'accorderai tout ce qui sera nécessaire... Oui! Que ton père me pardonne si je m'apprête à trahir mon serment! Ma fille, je parlerai à ton gendre. Je mettrai le prix qu'il demandera pour le retenir avec Marie-Jeanne!

SABINE.

Ils ne vous écouteront pas. Ils sont ivres maintenant d'illusions. Ils voient, dans leur rêve, danser les millions. Vos ressources entières seraient trop modestes aujourd'hui pour satisfaire leurs nouvelles exigences... Ils s'en iront... Et je m'efforcerai d'oublier Marie-Jeanne!... Après la sensation de glace qu'elle a jetée sur moi, elle n'a plus le pouvoir de me faire, près d'elle, ressentir du chaud. Je n'ai plus de fille!... Je n'ai plus que vous. Je n'ai, sans doute jamais eu que vous, pour qui je fus un monstre. Ne me contredisez pas! Laissez-moi seulement me promettre une vie désormais prosternée devant vous, où, dans le repentir, j'implorerai de reposer ainsi ma tête, si lourde, sur vos genoux!... Mais quoi? Qu'avez-vous?

MADAME FONTENAIS, *essayant de se lever.*

Ah! *(Elle tombe.)*

SABINE.

Oh! Oh! Non! Ce n'est pas cela!... Parlez donc!...
Faites un signe!... Comme elle serre ma main! *(Sabine se
dégage violemment.)* Et ces yeux!... Morte!... Elle est
morte!... Pour ma fille, j'ai tué ma mère!

Achevé d'imprimer

le dix-sept mai mil neuf cent un

PAR

ALPHONSE LEMERRE

6, RUE DES BERGERS, 6

A PARIS

1.-2.-5. — 3665.